佐藤則男

なぜヒラリー・クリントンを大統領にしないのか?

講談社+α《プラスアルファ》新書

はじめに

何かが大きく異なる。

「アメリカの大統領は、偉人だ」と、幼い時からそう思ってきた。少年のころ読んだジョージ・ワシントン、アブラハム・リンカーンの少年少女向けの伝記物語に、大きな影響を受けたのであった。

アメリカの大統領は偉い、というイメージを持っていた。

だが違う。

そして、成長し、ケネディ大統領が暗殺された時から、現実的にアメリカ大統領に興味を持った。まだ日本にいた時分、ジョンソン大統領、フォード大統領、ニクソン大統領、そして、〝ボビー〟ケネディの暗殺、ウォーターゲート事件、ニクソン大統領辞任などを知り、自分なりに大きな興味を持った。

そんなアメリカに人生を懸けることに決めたのであった。

1975年、ニューヨークに渡り、これまで生きてきた。この40年間、カーター、レーガン、父親ブッシュ、クリントン、息子ブッシュ、オバマの各大統領がCommander-in-Chief《コマンダー・イン・チーフ》（最高司令官）として治める国、アメリカで税金を納め、暮らしてきた。

だが、実際のアメリカ大統領は、少年のころに憧れた大統領とは異なっていた。

それでは、自分は、何を学んだのか？

学んだのは、権力の座を目指す人間の凄《すさ》まじいエゴであった。

今では、アメリカの大統領に立候補し、大統領を目指す人ほど、強いエゴを持っている人はいないのではないかと思う。

大統領選挙は、熾烈《しれつ》なエゴをさらけ出した人間同士の戦いである。

権力の座を求める人の戦い方は、なりふり構わない。

「相手を倒し、勝てばよい」のである。

それは、自分の世界観、求める理想の勝利ではなく、エゴの勝利なのである。

そして、その勝利のための戦略は、「ネガティブ・キャンペーン」の一言に尽きる。

彼らの「ネガティブ・キャンペーン戦略」は、人間の常識では考えられない。非情なものである。デマゴーグも使われる。容赦《ようしゃ》しない。他の候補にネガティブな攻撃を仕掛け、徹底的に叩く。不利なレッテルを貼る戦いなのである。レッテルの貼り合いなのである。

このために巨額の金が選挙民から集められ、使われる。

メディアも右と左に真っ二つに分かれ、このレッテル貼りに協力する。いや、自分たちからそのネタを探し、レッテルを貼ろうとするのである。

また、このネガティブ・キャンペーンは、アメリカ史上初の女性大統領誕生を目指しているヒラリー・クリントンに対し、アメリカの隠しきれない「男性社会」の問題を含んでいる。「女性の平等と進出」を自慢するアメリカでも、その建て前と本音は異なるのである。

日本の方々に、エゴの塊《かたまり》となり、アメリカ大統領という巨大な権力の座を目指す戦士たちが繰り広げるすさまじい戦いの一端をお伝えしたいと思う。

２０１５年９月　マンハッタンの我が家の書斎にて。

佐藤則男《さとうのりお》

◉目次

第2章　愛されないヒラリー

第3章　反体制の扇動者とダークホース

第4章　日本人の知らないアメリカ大統領選挙

第5章　テレビ討論の時代

第6章　ストラテジストとネガティブ・キャンペーン

第1章　真夏の異変

アメリカを襲った突然の嵐

2015年8月時点での話から始めよう。

筆者は、1975年から40年来ニューヨークに住み、アメリカの大統領選挙をウォッチし続けてきた。それは、長丁場《ながちょうば》の激しい戦いが展開されることが常であった。通常なら、本選まで1年以上の時間があるこのタイミングは、共和党、民主党ともに、自分たちの大統領候補として誰がふさわしいか、候補者をテーブルに並べて探る段階だ。

ところが、来《きた》る2016年の大統領選挙は、民主党のヒラリー・ローダム・クリントンという大本命がそのまま圧勝するという下馬評《げばひょう》であったにもかかわらず、11月8日の本選までまだ14ヵ月もあるこの時点で、早くも「異変」というべき動きが起こりだした。今回の大統領選ほど、早い時期に〝動き〟が始まったことはない。筆者の知る限り、これは恐らく初めての事態だ。

その動きは、のんびりとしたものではない。まさに、嵐のようである。しかも、のどかな青空にいきなり積乱雲が湧《わ》いて、激しい雨と風をもたらしたかのようですらある。急に降りだした大量の雨で、大きな地滑《じすべ》りが起きようとしている。

思えば、アメリカ史上初の女性大統領、そして、夫婦そろっての大統領を目指す野心家、ヒラリーが4月に早々と民主党予備選挙への立候補を表明したことから、すべてが始まった。

この人は、味方も敵も多く、議論が尽きない人である。熱狂的に支援する人はたしかに相当数いる。その一方で、引きずり下ろそうと虎視眈々《こしたんたん》と機会を狙《ねら》うライバルの共和党候補もいれば、「ヒラリー・ヘイター（ヒラリー嫌い）」と呼ばれる人たちもいる。考えてみれば、そんな人物が野心を隠さず、いきなり大統領レースの先頭に立ったのだから、〝普通の〟大統領選挙になるはずもなかった。

共和党、空前の17人の出馬

先手を取って、いきなり大統領選の行方《ゆくえ》を決定づけようとするかのように動いたヒラリーに呼応してか、共和党では17人もの候補が名乗りを上げた。

現職の民主党バラク・オバマ大統領の実績が振るわず、共和党の政権奪回のチャンスと見たのか、それとも、純粋にヒラリーへの対抗心に燃えてのことか、とにかく多くの候補者が立ったものである。その熱気に煽《あお》られたのだろうか、差別、侮辱《ぶじょく》、不謹慎《ふきんしん》、不道徳と、さまざまに形容できる問題発言を繰り返す、不動産王ドナルド・トランプという「化け物」まで鎌首《かまくび》をもたげてきた。

トランプは、２０１５年９月の段階で、各種世論調査で共和党の大統領候補たちの中で支持率トップに躍《おど》りだし、一時は30パーセントを超えた。しかし10月に入るころには落ち始め、23パーセントになっている。

共和党は、このトランプが起こした大嵐に、その後も苦労している。なぜなら、共和党本部執行部、共和党の重鎮、そして、選挙民で伝統的共和党支持者は、「トランプでは、大統領選挙本選では勝てない」と共通した認識があるからである。というのは、大統領選では、「極端な価値観、右寄り、左寄りの思想を持つ人物は、大統領としてそぐわない」という見方が定着しているのだ。アメリカの選挙民も、極端な考えではなく、バランスを求めるようになってきているのである。

アメリカには、「Anti-Intellectualism」（反知性主義）という言葉さえあるのである。それは、「学歴・知性は無意味である」という立場を取り、知識や知識人に対する否定を表す。しかしそれは、無知蒙昧《むちもうまい》を擁護《ようご》する立場ではなく、平等主義、実用主義、実践主義として現れる心的あり方を示す。また、国家権力によって意図的に国民が無知蒙昧となるように仕向ける政策も意味する。筆者は、この反知性主義を知った時、唖然《あぜん》としたものである。

トランプは、このようなアメリカの反知性主義の選挙民を巧《たく》みに捉え、扇動《せんどう》しているのである。トランプの頭脳プレイであるように取れる。トランプは、名門ペンシルベニア大学のウォートン・ビジネススクールでＭＢＡを取得している。ビジネスに長《た》けた人物である。また、頭がよく利口な人物である。このくらいの考えはすぐに浮かぶ男である。

ドナルド・トランプの正体

それにしても、トランプになぜこんなに支持が集まるのか。

それは、何も決められないワシントンのエスタブリッシュメント（体制側）に対するアメリカ国民の大きな不満に起因している。彼らは日常、ひたすら党派の争いを続けて、選挙民の関心など無視しているとアメリカ国民の多くは感じている。筆者自身も、彼らの話に聞き飽きた一人である。

なにしろ、さまざまな世論調査をまとめ、平均値を出す権威あるRealClearPoliticsの発表によれば、「アメリカは、正しい方向に進んでいる」と答えているアメリカ人が10月7日時点でわずか27・2パーセント、逆に「間違った方向に進んでいる」と答えている人が62・3パーセントもいるのである。そして、アメリカ議会の支持率は14・8パーセントしかなく、支持しない人が76・2パーセントもいる。

日本人であり、アメリカではマイノリティでもある筆者としては、国民が自分の国に対してそんな認識を持っていて、これでよく成り立っているものだと思うほどである。

それでは、「アメリカはそんなに悪い状態なのか」と問えば、話はそう単純ではない。世界のどの国に比べても国民がよりよく、豊かな生活をしている国だといえると筆者としては思う。ものがこれほど安く手に入る国は世界にないだろう。自由があり、富の追求も保障されている。また、こんなによい生活環境がある国はない。自然にも恵まれている。

筆者が考えるに、アメリカ国民は、ワシントンで共和党と民主党が争うだけで、自分たちの生活の向上に何も寄与《きよ》してくれないことに対し大きな不満を抱いているのではないか。上院議員や下院議員、そして、大統領とその官僚たちの政治レトリックと主導権争いに、あきれ返っている。

彼らは、国民生活のこととして話していても、よく聞けば、「相手政党が悪くて実現できない」という内容を繰り返すばかり。そして、「幸せな生活を送りたければ、自分たちを支持しなさい」と言うだけである。結局は、自分たちの政治上の権力争いにしか興味はないのだ。具体的な問題が出れば、反対政党を非難し、それだけの話にしてしまう。いったい、選挙によって選ばれ、彼らが代表しているはずの〝国民〟はどこにいるのか?

ワシントンの住民に対するアメリカ国民の不満、鬱積《うっせき》したものが噴出《ふんしゅつ》したのが、この世論調査の結果だと筆者は解釈している。

そしてトランプは、このような人たちの扇動がうまい。トランプの演説を聞いていると、大衆、とりわけ知識レベルの低い大衆が聞きたいような表現で、人を馬鹿にするようなセリフを織《お》り交《ま》ぜながら、わざと庶民的にしゃべるのである。まるでテレビのショーをやっているエンターテイナーである。事実、トランプは、テレビで「The Apprentice（丁稚《でっち》）」という番組をやっていた。

聴衆は、やんやの喝采《かっさい》である。たとえば、アメリカの経済、雇用などが悪くなったのは、「中国や日本がアメリカから仕事を奪ったからだ」などと声を張り上げ演説する。筆者などは、辛辣《しんらつ》ではあるが、「馬鹿ではないか」と思うほどである。

その理由は、アメリカ人労働者の賃金が高く、しかも、よりよい製品が作れないからである。つまりアメリカの製品が質的にも、コスト的にも国際競争力を失ったからという以外にありえない。アメリカの製造業の没落《ぼつらく》なのである。それを棚に上げての発言なのである。

しかし、こんなトランプの演説を聞いて、聴衆は沸《わ》き立っている。いったいどんなレベルのアメリカ人が演説会に集まっているか、容易に想像がつくであろう。

メディアは、トランプをPopulist（ポピュリスト、大衆的な指導者の意味）などと呼ぶが、筆者が見るところ、その表現は正しくないと思う。「ビジネスマン」とか「企業家」と呼ぶのが正しいと思う。大衆が求める話題を提供する優れたビジネスマンだ。

しかし、政治思想、政治的価値観などを持ち合わせた人物とは思われない。いずれ、その人気もピークに達し、下降線をたどる運命にあると筆者は見る。トランプには申し訳ないが、そうならなければアメリカの大統領選挙ではないと思う。アメリカの大統領は、世界のリーダーなのである。トランプのような人物が大統領になれば、世界が大混乱するのは必至であろう。

筆者は、アメリカ大統領として適した人物としては、やはり州知事を経験した人物がベストだと考える。そのような候補は国を治め、民を治め、それなりの政《まつりごと》を行う常識、インテリジェンス、政治思想、術《すべ》を持っていると思う。

トランプがトップの座から落ちた時が、共和党の勝負であろう。

ヒラリー危うし

一方の民主党も、大混乱である。なぜなら、ヒラリーのプライベート・サーバー問題が共和党の攻撃の的《まと》の一つになっているからである。しかも、この問題により、ヒラリーは民主党支持者の信頼を失いつつある。

さらに国務長官時代のコネを利用し、外国から金を集めたとする「クリントン・ファンド」の問題に収まる気配がない。日本からは現地を支配する空気はわかりにくいだろうが、これらの問題は、盤石《ばんじゃく》だったはずのヒラリーの足元を完全に揺《ゆ》るがしている。

まず、プライベート・サーバー問題だ。日本でも報道されている通り、ヒラリーは、第一次オバマ政権下の国務長官時代、国務省のサーバーのほかに、自分自身の個人サーバーを使って国内外とコミュニケーションを行っており、ヒラリーは「機密情報は含まれていない」と明確に否定したものの、国務省のトップシークレットの情報もそのプライベート・サーバーに入っているということが判明した。これは明らかに違法行為である。

プライベート・サーバーは司法省に提出され、現在詳しく調査しているところであるが、FBIも調査に乗りだし、たちまちヒラリー危《あや》うし、という状況になっている。ひょっとすると、告発される可能性もある。だが、法的な戦いには百戦錬磨のヒラリーである。戦い方は十分知っている。

今後起こり得る事態を予測したのか、ヒラリーは9月8日になって、ABCテレビのインタビューでこれまでの発言を翻《ひるがえ》し、一連の事実を認めたのである。そして、世間を騒《さわ》がせたこと、支持者を動揺させたこと、怒らせたことを詫《わ》びたのであった。

だが、このようなことは、ずっと以前に行うべきであった。認めさえすれば、名誉は傷つくものの、その率直な正直さをそれはそれとして評価するのがアメリカである。なぜ、しなかったのか。それは、ヒラリーの持ち前の頑固《がんこ》さにあると筆者は思う。こんなところが一部のアメリカ選挙民に嫌われる理由の一つであろう。

しかし、ヒラリーはなぜ、こんな法律違反をしたのか、アメリカ国民の多くが疑問を持っている。クリントン家の特権意識なのか。事務所に行かず、家で仕事がしたかったのか。

筆者も国務省内の国務長官室の前まで行ったことがあるが、特に働く意欲を感じられない普通のオフィスであった。そんなところでは働けない、と思ったのであろうか。なにしろ、ヒラリーは、ファーストレディ時代、ホワイトハウスのファーストレディが働くイースト・ウイングではなく、ウエスト・ウイングにオフィスを持ち、働いていたのである。ウエスト・ウイングには、大統領執務室をはじめ、閣議室、安全保障会議室のほか、副大統領、首席補佐官、大統領補佐官、報道官などのオフィスがある。また地下には、世界に展開するアメリカ軍や関係機関と最高レベルの情報連携をしている「シチュエーションルーム」があるのである。

つまり、ヒラリーは、「単なるファーストレディ」ではなかったのである。働くプロフェッショナルなファーストレディだったのである。保守的な人たちは、そんなヒラリーを批判したのであった。ヒラリーは選挙で選ばれたのではない。単なる大統領夫人だったのである。当時、筆者も反発を感じたものである。

2つ目が、クリントン・ファンド問題だ。クリントン一家で設立した「クリントン財団」への多額の寄付金が、国務長官の権限を利用するかたちで誘導されたものだという疑惑がある。共和党は問題が発覚するや、ヒラリーの大統領としての適格性を疑問視し、攻撃を開始した。ヒラリー陣営は火消しに成功しているとは言いがたく、それどころか問題はくすぶり続け、いつまた噴《ふ》きだしてくるかわからない。

さらに3つ目が、2012年9月に起こったベンガジ領事館襲撃事件である。この事件は、きわめて陰湿な事件であった。

当時ヒラリーは国務長官の職にあった。リビアのベンガジでアメリカ領事館がテロリストに攻撃され、スチーブンス駐リビア大使をはじめ4人の外交官が殺されたのだが、ヒラリーは「救出できる条件がそろっていたにもかかわらず、そのオペレーションを行わなかった」などとささやかれている。

事件が起こったのは、前回、2012年の大統領選挙が真っ盛りの時であった。民主党候補は再選を目指すオバマ大統領、共和党候補はミット・ロムニーであった。当時、筆者は不思議に思った。事件を報道するのはFOXニュースだけで、CBS、NBC、ABCの3大ネットワークはいっさい報道しなかったのだ。さらにおかしなことに、ロムニーもテレビ討論で取り上げなかった。しかし、問題はスピンして疑惑は拡大していった。もちろん、共和党タカ派の見方であったし、情報の発信源も、共和党タカ派である。

結局、疑惑は疑惑のまま明らかになることはなかったが、共和党タカ派は、この事件を再度、今度の大統領選で大きな争点の一つにしようとしている。

筆者の予測では、これらのヒラリーのスキャンダルは、いくら共和党候補が追及しても、証拠が見つからず、ヒラリーが逃げ切るのではないか、と思うのである。問題は、逃げ切ったヒラリーの姿が選挙民にどう映るかということであろう。

ヒラリーとビルの「逃げのうまさ」には定評がある。二人とも、名門イェール・ロースクール出身の優秀な弁護士なのである。いくらでも「法的逃げ」に長《た》けている。巧みに法的用語を使いこなせる。お見事としか言いようがない。

しかし、選挙は裁判ではない。法的な逃げをすればするほど、選挙民の疑念は高まる。だから、ヒラリーを「嘘つき」と見る選挙民が多いのだ。この点を共和党幹部および共和党候補は鋭《するど》く突くのである。ヒラリーは、「ヒラリー・ヘイター」に加え、この「嘘つき」というイメージが打撃を与える可能性があると思う。

だが、これらの共和党の攻撃が、どれだけヒラリーにダメージを与えるのか。共和党の候補が誰になるかにもよるが、たとえば、上院議員のマルコ・ルビオや元医師のベン・カーソンなどになった場合は、ヒラリーにかなりのダメージになると思われる。この二人の新鮮さ、真摯《しんし》な態度と個性は、ヒラリーにとっては強敵だと思う。ヒラリーの権力欲、初の女性大統領になる野望、大胆不敵《だいたんふてき》な居直りの態度など、選挙民がどう受け取るか注目される。

ウォールストリートの声

あれだけ圧倒的な存在だった民主党ヒラリー・クリントンに陰《かげ》りが見え、アウトサイダーのような存在の共和党ドナルド・トランプが輝く。これはちょっと考えられない事態だった。いったい今、アメリカ人の多くは何を求めているのか。

筆者は、ニューヨークに住んでいる利点を生かし、8月のある日、ウォールストリートで働く3人の友人たちと夕食をともにした。情報が集まり、冷静な分析ができる彼らの意見に耳を傾けると、アメリカの現状がよくわかる。

場所は、筆者行きつけのアイリッシュ・レストラン兼パブ「ニアリーズ」。マンハッタンのミッドタウンのサットンプレイスという静かな住宅地にある。

同じひとつの店舗の中で、左の壁のテーブルがレフト、つまりリベラル派、右の壁の席がライト、つまり保守派の人たちの席となっている。簡単に言えば、左側の席は民主党支持者、右側の席は共和党の支持者の席に分かれている。日本では考えられないかもしれないが、これがアメリカである。

出席者は、Aさん、Bさん、Cさんの3人。いずれも大手投資銀行で働いている。Aさんはコチコチの共和党支持、Bさんは保守的な中間派、Cさんは民主党支持である。主な会話のやりとりは次のようなものであった。

筆者「（Aさんに向かって）あなたがドナルド・トランプを支持していることは知っている

し、支持する理由もわかる。共和党支持者はトランプをどう見ているんだい？」

A氏「共和党の候補者の中で、トランプを特別に支持しているわけではない。トランプは、ワシントンのエスタブリッシュメントをかき回すことができ、それが今、必要なことだからトランプはやっている。

ワシントンのエスタブリッシュメントは、もはや来るところまで来てしまった。にもかかわらず、彼らは自分を変えようとしない。選挙に出て、勝てば自分たちの保身につながるから、その時だけ真剣になる。べつに議会議員として、選挙民に対して何かやろうと思っているわけではないんだ」

B氏「そうかな？　トランプの意図《いと》は、そんなものではないと思うがね。要は自分を売りたいだけだろう。うまくビジネスをやっているんだ。本当のところ、トランプにホワイトハウスにいて欲しいと思う人なんて、誰もいやしないよ。もし、そんなことを考えている人がいたら、フラストレーションを吐《は》きだす方向を間違えているんじゃないかな」

C氏「私もそう思う。トランプ自身は、大統領になれるなどとは思っていないよ。あれは、自分のビジネスのためと割り切っているね。私は民主党支持だから、正直なところ、トランプが共和党の指名候補になれば『しめたもの』だ。それだけ民主党の指名候補が勝つチャンスが広がるからね」

筆者「トランプは、少なくとも秋口までは様子を見なければならないと思う。ただ、あのエンターテイナーのようなしゃべり方と内容では、アメリカのリーダー、commander-in-chief《コマンダー・イン・チーフ》（最高司令官）となった場合は珍奇《ちんき》だと思うんだけど、その辺りをどう見ているのか教えてくれないか」

A氏「アメリカは、これまで外国のために戦争し、若い兵士をたくさん失った。外国の地で彼らの死体をさらし、国民が困窮《こんきゅう》するまで金を使い、巨額の財政赤字を生んできた。そして国民は、必死に働き、ビジネスをやり、高い税金を納め、生きてきた。その中で政治家たちはどうだ。自分の党にしがみつき、自分が選挙で当選することにばかり注力してきた。こんなことでは、アメリカが成り立つはずがない。変えなければならない」

B氏「しかし、アメリカは、モンロー主義のように『外国にはいっさい干渉《かんしょう》しない』などという立場はもはや取れないだろう？」

A氏「それはその通り。だが、オバマ大統領は、やるべきことをやらなかった」

C氏「オバマ大統領は、戦争という手段で、世界の問題を解決することをしなかったんだよ。それは正しいと思う。『戦争を終わらせる戦争』はない。それは、これまでの歴史が示している通りだ。イラク戦争を始めた息子のブッシュは、勘違いしていたんじゃないか。戦争で戦争を終わらせられるってね」

A氏「問題はワシントンの政治家だ。国民に犠牲《ぎせい》を強《し》いて、自分たちは、自分の党と自身の保身しか考えていない。そんな政治家に、国民は嫌気が差している。だから、みんなトランプを支持する」

B氏「政治家が国を第一として考えていないという指摘は、当たっていると思う。政治家は真の意味でStatesman（国を代表する意味の政治家）にならなければならない。リーダーにならなければならない。ところが今や、オバマ大統領からしてリーダーの役割を果たしているとは言い難い。大統領が役割を果たさなければ、アメリカが世界の問題にどこまで入ってよいのかわからなくなる。それが、今のアメリカが直面している問題じゃないか」

筆者「そうだね。オバマはシリアの混乱にも介入しなかった。はっきり言えば、何もしなかった。だから、イラクもＩＳＩＳ（イラク・シリアのイスラム国）の思うようになってしまった。やりたい放題やらせている」

２０１６年の特別な意味

こんな会話ののち、核心に迫《せま》ってみた。さて、２０１６年の大統領選挙は、特別な意味があると思うのだが、それは何であろうか？と。

A氏「オバマが大統領に就任してからおよそ7年経つ。この間、国際関係では、ほぼ何もなされなかった。中東は情勢が悪化するばかりだ。それに中国も危険な国であると思う。経済が悪くなると、余計軍事に力を入れてくる可能性がある。

日本にとっても、もっと危険になってくるはずだ。日本は、軍備を強化しなければならないと思う。今の安倍（晋三）首相は、右翼だと聞いている。それでも日本の軍備は十分とは言えないのではないか。日本は、軍事的な備えをすることと、右翼の問題は別に考えたほうがいいのではないかな」

B氏「アメリカは、不法移民問題を何とかしなければならないと思うね。不法移民が増える一方で、税金も払わず、アメリカの福祉を受けている。この問題は、待ったなしの段階にきている。すでに入っている不法移民を合法的に働かせ、税金を取るようにしなければならない。そして、これから入ってくる不法移民をブロックする必要がある。この点、アメリカ政府は甘かったと思う」

C氏「不法移民問題は何とかしなければならないけど、今ここにいる我々の祖先はどうなんだろう？　みんな、アメリカに夢と希望を持ってやってきたんじゃないか。私は、トランプが言うように不法移民を探しだし、ただちに本国に返そうとするのは、時間と金の無駄でしかない。むしろ教育の機会を与え、アメリカ人として認め、税金を払わせるほうが賢いと思う。トランプは明らかに間違っている」

A氏「中国からたくさんの移民が入ってきているだろう。中国人は、教育を受けている。彼らは、よく働く。よく働く人は、アメリカ政府は受け入れるべきだと思う。よく働く人たちには、ビザ（移民ビザ）を出すべきだ」

B氏「いやいや、その前に、そういう人たちを入れる特別なシステムを作る必要があるよ」

A氏「移民問題より重要なことがある。最高裁判事だ。新しい大統領の下で、2人の判事が替わるだろう。大統領が共和党であれば、保守的な価値判断が続くと思うが、民主党大統領になれば、リベラルな価値判断の国となるだろう。どっちになるかが大きな問題だ」

C氏「その通りだけど、共和党か民主党かで、国の価値判断がまったく変わるのはおかしいよ。今やこの国は、左と右があまりにも極端に分かれすぎている。この差は広がりすぎ、隔《へだ》たりが大きくなりすぎている。辛辣な論争がはびこっている」

筆者「アメリカが今のような状況になったのは、ブッシュ親子がひどかったからではないか？」

A氏「私は、共和党支持だが、ブッシュ親子はあまり認めていない。その意味では、（ロナルド・）レーガンがよかった。レーガンのような大統領が出なければならない。同性愛者の結婚、中絶などの問題は、いくら議論してもアメリカとしての結論は出ない。議論しても無駄だと思う。しかも、宗教・倫理上の問題なので、いつまでも問題として残るだろう」

B氏「カオスが必要じゃないかな。カオスは、10年ごとに来ている。トランプはそのために出てきたのかもしれない。彼が大統領になれば、カオスが起こり、国が分裂したこの状況が変わるかもしれない」

A氏「それはどうかな？　私は、レーガンのような人がもう一度現れるといいと思う。父親のブッシュ大統領は、経済政策を知らなかった。それに、第一次湾岸戦争（1990－91年）はブッシュファミリーのオイル利権が絡《から》んでいた」

筆者「共和党のジェブ・ブッシュに、次期大統領になるチャンスはあると思う？」

B氏「チャンスはあるとは思う。だが、難しい。だいたい、一家族から3人も大統領が出るのはおかしい。そんな安易なことを許すアメリカであってはならない」

C氏「もうブッシュはいらない、と言う人は多いね」

筆者「ヒラリー・クリントンはどうなる？」

A氏「もう終わりだと思う。あまりにも、性格がよくない。自分の行いをわかっていない。大統領になる資格がない」

B氏「サーバー問題で、司法省に告訴され、民主党から大統領候補として失格の烙印《らくいん》を押される可能性は高いと思う」

筆者「すると民主党は誰が出てくる？　バイデン？」
C氏「そう。そうなった時はおそらく、バイデンが出てくるだろう。オバマは、ヒラリーをよく思っていない。裏切られたと思っている。国務長官を引き受けたが、絶えず、オバマ政権と距離を保っていた」
筆者「共和党はどう？」
A氏「ベン・カーソンが有望だと思う。彼は頭がいいし、善良な人だ」
筆者「そうなると、オバマに続いてまたマイノリティ（である黒人）が大統領になるね。マルコ・ルビオはどうかな？」
B氏「いいと思う。フレッシュだが、40代前半という年齢は若すぎるかもしれない。カーリー・フィオリーナ（元ヒューレット・パッカード社CEO）はいいと思う。頭は切れるし、力もあると思う」
筆者「その他の共和党候補はどう？」
A氏「ほかはみんな難しいな」
筆者「ところで、ウォーターゲート事件（1972年6月にワシントンの民主党選挙対策本部で起きた盗聴侵入事件に始まるアメリカの政治スキャンダル）のために、リチャード・ニクソンはあまり評価されていないが、新しい大統領として、ニクソンのような行動的な人物もいいと思うのだけれど、どう思う？　彼はベトナム戦争を終結させ、そして、中国との国交樹立をやってのけている」

Ａ氏「その見方には賛成だ。ニクソンには、ヘンリー・キッシンジャーがついていた。批判はあるが、今、アメリカに必要なのは、外交能力のある人だ。世界がここまで不安定になると、外交能力を持った人物が必要だ」

筆者「結局、ウォールストリートは誰を最も望んでいると考えるべきかな？」

Ｂ氏「共和党のジェブ・ブッシュだと思う。私は個人的には反対だけどね」

Ａ氏「ブッシュなら、ルビオのほうがいい」

Ｃ氏「民主党のバイデンだろう。立候補していないけれど、期待しているよ」

筆者「最後の質問になるが、とうとう中国経済が崩壊しそうだ。ウォールストリートは、これにどう対処する？」

Ａ氏「我々は、今年（２０１５年）初めから、このような事態を読んでいた。驚くにはあたらない。ただ、中国がアメリカの国債を大量に持っている。それを売り飛ばしに出てくるだろう。それにも備えている。問題ないと思う」

ウォールストリートの夏の時点での見方は、このようなものであった。

ペンタゴンの報道官との遭遇

筆者はある日、長年行きつけの高級ホテル、ザ・ウォルドーフ・アストリアホテルのバーに行った。1988年に、ヘンリー・キッシンジャー元国務長官をプレジデンシャル・スイートでインタビューした、思い出深いホテルである。まるで昨日のことのようであるが、当時のビデオを見ると、キッシンジャーも筆者も若い。

このホテルのバーは素晴らしい。往年の名ジャズ作曲家であるコール・ポーターがこのホテルに住んでいて、彼の使った見事なピアノが置いてあり、歌手がそれを弾《ひ》きながら歌っている。

仲良くしていたこのホテルのバーの従業員がクビになりそうになり、筆者が社長室に行ってそれを救ったことがある。以来、バーの従業員とは親しく、好きな赤ワイン、メルローをいつも無料で飲ませてもらっている。

息子ジョージ・W・ブッシュが大統領時代のことだ。

このバーで、筆者は一人でワインを飲んでいた。その日は混んでいて、席を見つけられなかった中年の女性が、たまたま筆者の向かい側の椅子が空いていたのを見つけ、「座っていいですか？」と訊《き》いてくるので、「どうぞ」と答えた。

しばらくすると、筆者が読んでいた「Newsweek」のイラク戦争の記事に気がついたのか、女性は「イラク戦争をどう思いますか」と訊いてきた。筆者は慎重な答え方をした。一方の立場を取って、論争になることを避けたのだ。アメリカではよくあることだ。

不躾《ぶしつけ》ではあるが、「あなたの職業は何ですか？」と女性に訊くと、彼女は「ＰＲ会社に勤めています」と答える。

老夫婦が隣《となり》の席に座った。筆者とその女性がイラク戦争の話を続けていると、老夫婦が会話に入ってきて、「私たちの孫がイラクに従軍し、最近、重傷を負《お》って帰ってきました。今、ウォルターリード陸軍病院にいます」と言うではないか。これは大変と思い、お見舞いの言葉を口にした。すると、相席になった中年の女性が、老夫婦の孫の名前を訊く。老夫婦が孫の名前を口にすると、女性はさっとメモを取り、こう付け加えた。

「ブッシュ大統領からお見舞いの言葉をもらい、近いうちにお届けします」

ややや、と思った。筆者は「あなたは誰なのですか？」と訊いた。すると女性は、「私は、ペンタゴンの報道スタッフです」と言うではないか。これにはびっくりした。

それから、ほぼ8年後。つい先日のことだが、思いがけないことが起こった。その中年の女性に同じバーで会ったのである。注意を払いながら確かめると、筆者の思い違いではなかった。その女性も、筆者を思い出したようだ。

8年前と同じイラク戦争について話をした。ただし、今度はオバマ政権時のイラク戦争についてだ。彼女は言う。

「オバマ大統領は、これという作戦がなく、ただ、やみくもにイラクから兵を引き揚げたのです。その時、すでに今のような混乱した状態になる懸念がありました。しかし、当時の（ヒラリー・）クリントン国務長官も早く引き揚げることに同意しました。イラクのことは、イラクに任せる、という戦略だったんです」

「すると、今の状況は予測できていたのですね。あえて覚悟《かくご》して打った手なのですね」

筆者が言うと、女性はうなずいた。そして、イラク戦争に関しては、それ以上何も語らなかった。

筆者は、2016年の大統領選挙に話を移した。

「共和党が優勢になってきましたね。クリントン氏がつまずいてしまいましたから」と言うと、

「これで、もしクリントン氏が大統領選から降りれば、クリントン家のワシントン政治との関係は消えるでしょう」と女性。

「ブッシュ家は、どうなるのですか？　ジェブ・ブッシュは、まだ、可能性はあると思いますか？」

「クリントン家、ブッシュ家も、家族が大統領になったことを幸せに思い、普通のファミリーでいればよかった」

つまり、ジェブ・ブッシュもヒラリー・クリントンも、大統領選挙に出なければ静かで幸せな人生が送れたのに、と暗にほのめかすのであった。

さすがに口が堅い。いろいろな話をしようと試みたが、それ以上は何も聞けなかった。しかし、ひとつだけたいへん気になる発言があった。

「バイデンが出てくるでしょうか？」

筆者が訊くと、

「いつの間にやらレースに入り、いつの間にやら消えるか、トップに立っているでしょう」

と言う。そして、「民主党は、ヒラリーを降ろさせることはしないでしょう」とも言った。

女性は、夕食の約束があると言って、席を立った。

一般的なアメリカ国民の本音

再び「ニアリーズ」で。

今度は、不動産の仕事をしているFさん、Fさんのガールフレンド、遅れてやってきた医師のDさんと話す機会があった。Fさんとそのガールフレンドは民主党支持、Dさんは共和党支持である。

筆者「大統領選挙までまだ1年以上もあるというのに、今回は、やけに騒ぐのが早い。これは一体全体、どうしたことだろう？」

F氏「共和党は、何が何でもヒラリーを大統領にしたくないんだよ。ネガティブ・キャンペーンもひどいものだ。ここにきて、民主党もヒラリーでいけるかどうかわからなくなってきたと思うが、私は彼女を信じている。疑いを晴らしてしっかりやってほしい」

F氏のガールフレンド「共和党の強力な〝アタッキング（攻撃）マシーン〟には、いつもあきれる。彼らには良心というものがないのかしら。無責任なデマゴーグで叩いてくる。FOXニュースにもうんざりする。ブロンドの女性をかき集めて、何が目的なの？　みんなミニスカートをはいて、ぎりぎりまで脚《あし》を露出《ろしゅつ》して、あれで真面目に政治を語れるのかは疑問だわ」

F氏「FOXニュースは、最も質《たち》が悪いよ。共和党支持が露骨《ろこつ》すぎる。〝Fair and Balance（公平公正）〟なんて言っているがとんでもない。〝Unfair and Imbalance（不公平、アンバランス）〟だ。CNNのほうがずっといい」

D氏「ちょっと待ってよ。普通のチャネルであるCBS、NBC、ABCはリベラル。CNNもMSNBCもリベラル。これでは、5対1だ。あまりにも不公平というものだろう。FOXニユースが大きく右寄りでもよいと思う。そうでなければ、テレビニュース界のバランスが取れなくなるよ」

補足すると、アメリカでは、新聞を入れればもっと左寄りになる。「ニューヨーク・タイムズ(The New York Times)」「ワシントン・ポスト(The Washington Post)」「ボストン・グローブ(The Boston Globe)」など多くの新聞がリベラルだ。コンサーバティブ(保守)の新聞は、はっきり言って、「ウォールストリート・ジャーナル(The Wall Street Journal)」だけではないだろうか。確かに「ワシントン・タイムズ(The Washington Times)」「ニューヨーク・ポスト(New York Post)」などもあるが、あまりにも発行部数が少ない。ジャーナリズムがこれほどリベラルに偏《かたよ》っていては、コンサーバティブは対抗できない。

筆者「ジャーナリズムは、本来リベラルなもので、保守的なエスタブリッシュメントを批判するために作られたものだと思う。しかし、今のようにリベラルが政権を取り、社会主義的政策を実施するようになると新たな矛盾《むじゅん》が生じてくる。自分が一生懸命働いて得たお金をたくさん税金に取られ、働かない人たちに分配するようになると、今度は、働かない人たちが得をする社会になって、働いて金を稼《かせ》いでいる人たちが『自分たちは差別されている』という意識を持つようになってしまう」

F氏「その見方は面白い。それでも、リベラル・メディアは、そのような人たちをサポートせざるを得ないんだよ。コンサーバティブを支持することはできないから。とはいえ私は、君の指摘に同調するよ。たしかに、働かないで国から福祉の金をもらって暮らす人が増えた。いくらリベラルでも、そういう人はやはり許せない」

筆者「情報をメディアに求めすぎていると思う。メディアは自分の価値観で判断し、それに合った内容を記事にしているだけでしょう。価値判断は、編集長がする。日本はそこが厳しいが、アメリカの記者は、証拠を示すことさえできれば、広く自由に自分の意見を述べることができる。ただ、それを鵜呑《うの》みにしてしまうのは間違いだと思う」

2015年8月6日、共和党の第1回テレビ討論会がオハイオ州で開催され、ドナルド・トランプが出席して、予備選挙中の討論会としては史上最高の視聴率を記録するなど大いに盛り上がった。トランプの騒ぎぶりを、どう見ているのだろうか?

F氏「あれはジョークだと思う。これまで、効率の悪いワシントンの政治家がアメリカの政治をコントロールしてきたから、みんな不満がたまっていた。トランプは、別に新しいことを言う必要はないし、独自の政策を示す必要もない。思うまま、口から出る言葉をわめき散らしていればよいだけのことだろう」

D氏「その通りだね。しかしいつまで、この勢いを持ち続けられるかな」

筆者「ヒラリーは、これからどうなる？」

D氏「よくないと思う。もし、サーバー事件でFBIの捜査が入ると、民主党本部が誰か対抗馬を立てる可能性もあると思う。そうなれば、立候補を断念せざるを得なくなると思う」

F氏「それは、共和党の希望的な見方だ。そんなことにはならないよ」

D氏「民主党としては、それこそバイデンを立候補させるチャンスじゃないのか。ここまで傷ついたヒラリーを立てておくのは得策でない。オバマもそれを望んでいると思うし、そのほうが民主党にとってもよくなるんじゃないか」

F氏「それもひとつの考え方だけど、ヒラリーが言うことを聞くかはどうか疑問だよ」

F氏のガールフレンド「私もそう思う。ヒラリーの後ろには、ビルがいるわ。この夫婦は、苦しい経験を共有している。そう簡単には引き下がらないわよ。それに、民主党本部のリーダーは、クリントン夫妻と親しい関係にあるし」

筆者「みなさんのお考えはわかった。難しいだろうけど、今度の大統領選挙の予想をしてみてくれないかな」

D氏「これまで見てきた大統領選の中で、最も予測が難しい選挙だと思う。まず、民主党は、ヒラリーがこのまま予備選挙に残ることができれば、最後はやはりヒラリーが勝つことになると思う。

一方の共和党は、ブッシュ、ルビオ、カーソンで争いが続くと思う。トランプはやがて落ちていくと思う。問題は、トランプが独立して、第三党から立候補するかどうかだ。私は、その可能性はないと思うけどね」

F氏「やはり民主党は、ヒラリーでいくと思う。民主党は、いかなることがあってもヒラリーを降ろすことができないと思う。ヒラリーは、かけられている疑いを晴らすことに成功し、アメリカ史上最初の女性大統領が誕生すると思う。今がそのタイミングであり、実現できなかったら、もはやアメリカは誇《ほこ》れる国ではない」

F氏のガールフレンド「ヒラリーが今のピンチを切り抜けられることを願っているわ。ヒラリーは、アメリカ初の女性大統領として、ふさわしい人物よ」

D氏「そうかな？　アメリカ初の女性大統領としてふさわしいのは、共和党のカーリー・フィオリーナだよ。カーリーは、ワシントン・エスタブリッシュメントとは関係ない『アウトサイダー』だ。多くの選挙民を引きつけられると思う。もし、ヒラリーが降りるようなことになれば、一気に初の女性大統領の期待がかかってきてもおかしくない」

いずれにせよ、ヒラリーを初の女性大統領として選挙民が一致することはないだろう、というような会話が、食事をしながら交わされた。8月15日の時点の話である。

何人かの知人に登場いただいたが、彼らに限らず、一般的なアメリカ人の見方はおおむねこのようなものだといえる。

第２章　愛されないヒラリー

「ガラスの天井」と闘う女性

アメリカには、「ガラスの天井（glass ceiling）」という言葉がある。女性の社会進出が日本に比べるとはるかに進んでいるアメリカでも、働く女性はキャリアを積んでいくと、目に見えない「天井」にぶち当たることになるのだ。

「ガラスの天井」とはつまり、女性がいくら頑張っても、能力があっても、組織のトップになることを阻《はば》む「見えない障害」があるという意味であり、女性の社会進出が本格的に始まった1980年代に使われ始めた。アメリカでは、女性の大統領も副大統領もいまだに生まれていなければ、トップ500の企業に、女性社長がついているのは5パーセントにも満たない。

ヒラリー・クリントンは、アメリカ史上初の女性大統領になる可能性のある女性であるが、まず、この「ガラスの天井」の挑戦を受けなければならない。アメリカの女性は、日本などと比べたらはるかに強い。それでも、女性の企業における地位、社会的地位、家庭での地位は、ある程度改善されたものの、相変わらずである。男社会の伝統は、アメリカでもそう簡単には変わらない。大統領選に立候補したヒラリー・クリントンにも、男性の「目に見えない反発」は強い。

ヒラリーの国務省のサーバーの濫用などのスキャンダルをしつこく徹底的に叩いているのは、保守的なＦＯＸニュースチャネルの男性キャスターやコメンテーターである。普通のリベラル相

I know a little something about shattering glass ceilings—and so does Hillary Clinton. But here's the truth: Breaking the glass ceiling isn't event half the battle. What's much more important is what you do once you're on the other side.

I've known Hillary for decades, so I know that if she becomes our next president, she will fight harder for women and girls than any occupant of the White House ever has. After all, that's what she did as Secretary of State.

But she won't get the chance unless women fight for her. That's why I'm a member of Women for Hillary. Will you join me?

Women deserve a president like Hillary. Let's do our part to make sure she gets there.

Thank you,

Madeleine Albright

手の叩き方より、辛辣《しんらつ》ではないかと思う。ときどき、デマゴーグも交じっている。目の敵《かたき》のような叩き方をする。元ファーストレディに対する尊敬はまったくない。

選挙民では「男性優位」を誇りがちな白人ブルーカラー層のヒラリーへの支持は落ちる一方である。この層の支持の後退は、ヒラリーにとっては大統領選本選で大きな要素となる。とくにブルーカラー層の多い激戦区であるオハイオ州、ペンシルベニア州では苦戦を強いられるであろう。

折しも、1通のメールが10月21日、クリントン政権のマデレーン・オルブライト元国務長官から、筆者に届いた。「グラス・シーリング」というタイトルであった。なんというタイミングであろうか。英語の原文は45ページの通りだが、その要旨は、「グラス・シーリング」を破ろうと戦っているヒラリー・クリントンを支持しましょうというもので、ヒラリー・キャンペーン・チームに協力するオルブライトからのメッセージであった。

オルブライト国務長官は、第二期クリントン政権発足とともに、国務長官に選任された。国務長官時代の特筆すべき業績としては、コソボ戦争終結への道を切り開いたことがある。オルブライトは、ナチスの民族浄化を身をもって経験した経緯もあり、空爆に消極的な西側首脳をまとめ、ユーゴスラビア空爆を行った。ユーゴスラビアのミロシェヴィッチ大統領の失脚、コソボの自治権獲得も含め、成果をあげたともいえる。

2000年10月、米国の閣僚としては初めてオルブライト国務長官が訪朝し、平壌《ピョンヤン》滞在中に金総書記と二度にわたって会談している。その結果、①北朝鮮が長距離ミサイルを発射しない、②両国が過去の敵対関係から脱し、新たな関係を樹立する、③自主権の相互尊重と内政不干渉の原則を確認することが盛り込まれた米朝共同コミュケが発表されている。今、2000年当時に米朝間でこのような動きがあったとは、とても思えない。

このような実績のあるオルブライト元国務長官がヒラリーのキャンペーンに協力し、「グラス・シーリング」に挑戦するヒラリーに大きな力を貸しているのである。

ヒラリー・クリントンとは何者なのか。多くの人はヒラリーのことをよく知っているようで、本当のところはわかっていない。だから、ヒラリーが果たして大統領として適格な人物なのか？と問われると、多くの人が判断に迷う。支援者も多ければ、批判者も多いのは、それゆえだ。演説は弁護士らしくそつなく、発言も申し分ない。しかし、人間味あふれる彼女の素顔を知る機会は思いのほか少ない。

ヒラリーとは何者なのか

ヒラリーのキャンペーン・チームから、筆者へのメールが一日に2〜3通ある。「夕食への招待」とか「テレビ討論会へ視聴者としての誘い」とか、さまざまなことを言ってくる。筆者の名前とメールアドレスは、２００８年の大統領選挙の時、筆者が彼女の選挙事務所を訪ね、戦略を提案させてもらった際に渡していた。以来、メールが来るようになった。

ヒラリー・ローダム・クリントンは、１９４７年、イリノイ州シカゴで衣料品店を営《いとな》む両親のもとに生まれた。父親のヒュー・ローダムは保守主義者であり、繊維《せんい》業界の大物であったという。

以下、ヒラリーの人生を「ウィキペディア」などを参考にしつつ論じてみよう。

白人中産階級が多く住むイリノイ州パークリッジで育ったヒラリーは、幼少時からテニスやスケート、バレーボールなどに親しむスポーツ好きの少女であった。生来の気質からか、政治に興味を持つのも早く、ティーンエイジから若き共和党員として政治活動を開始する。まだ高校生だった1964年の大統領選で、共和党のバリー・ゴールドウォーター候補を応援する「ゴールドウォーター・ガール」を務めたほどである。

ゴールドウォーターは、ネルソン・ロックフェラー（当時、ニューヨーク州知事）との熾烈な指名争いを勝ち抜き、共和党大統領候補に指名された。彼は、現代アメリカにおける保守主義運動の先導者と見なされており、また、アメリカ公民権法に反対し、同法に不満を抱く南部の白人層を取り込み、共和党の南部への進出を図《はか》ってもいる。そのため、「極右」とのレッテルを貼られた。

ゴールドウォーターが挑《いど》んだ大統領選は、その「ベトナムで核兵器の使用も視野に入れる」という発言がたちまちネガティブ・キャンペーンに利用され、彼は歴史的大敗を喫《きっ》することになる。その敗れていく陣営の中に、若き日のヒラリーがいたのである。

こんな人物に、リベラルの申し子のようなヒラリーが傾倒していたとは、今となっては信じられない。この事実は、特記すべきである。この辺りの話がヒラリーを複雑な人物にするのである。ただ筆者が考えつくのは、根っからの野心家であったのではないかということである。

ヒラリーは高校卒業後、1965年にマサチューセッツ州の名門女子大であるウェルズリー大学に入学する。学内の青年共和党の党首にも選ばれるが、次第にベトナム戦争や公民権に関する共和党の政策に疑問を持ち始め、辞任する。そして、1968年の大統領予備選挙では、いち早くベトナム戦争介入反対を掲《かか》げていた民主党のユージーン・マッカーシー候補を支持するのである。

その一方で、同年夏にはワシントンでの共和党下院議員総会でインターンを経験。共和党大会では、ニューヨーク州知事ネルソン・ロックフェラーのために働いた。

このように、共和党と民主党を行ったり来たりすることがあり得るのであろうか？　筆者は啞《あ》然《ぜん》とするが、アメリカではあり得ることである。政治的野心、政治的計算が働くヒラリーにとっては、考えられないことではないと思う。今のヒラリーはそこまでブレないが、強い者につく、政治の勢いを計算するという点では、ヒラリーは抜群であると思う。

大学を卒業するにあたって、ヒラリーは卒業生の総代としてスピーチを行う。このスピーチはベトナム戦争を背景として述《の》べられたものであるが、いま読んでも素晴らしい出来である。当時も大きな反響を呼んだ。地元のテレビに出演したり、雑誌に取り上げられたりしたが、大きな賞賛もあれば批判もあるといった状況であったという。

1969年、ヒラリーはイェール・ロースクールに進み、そこで未来の夫、ビル・クリントンに出会う。在学中は、児童の権利運動推進のパイオニアであるマリアン・エーデルマンの活動にかかわり、法律が子供に与える影響について学んだ。これ以降ヒラリーは、一貫して子供の問題を手掛けていくことになる。

筆者としては、ここにもヒラリーの高度な政治的計算を感じるのである。「母親」と「育児」は、選挙で女性票を獲得するためのよい手段である。しかし、計算高いと取られれば、嫌われる原因にもなる。

1972年の大統領選では、ビルが参加していた民主党のジョージ・マクガバンの選挙運動に、ヒラリーも加わる。1973年にロースクールを卒業した後は、前述のエデルマンが始めた児童防衛基金（Children's Defense Fund）で働きだす。また、1974年には下院の司法委員会によるニクソン大統領の弾劾《だんがい》調査団に弁護士として参加するなど、幅広い活動ぶりを示す。

調査団の解散後は、ビルのいるアーカンソー州に移り、ビルとともにアーカンソー大学フェイエットビル校ロースクールで教鞭《きょうべん》をとる。この年、ビルはアーカンソー州で下院議員選挙に出馬している。民主党の予備選挙は勝利したものの、本選では共和党の現職候補に敗れ、落選している。

パートナーとしてずっと行動をともにしてきたビルとヒラリーだが、2人が結婚したのは、この翌年、1975年のことだった。

1977年には、ビルがアーカンソー州の司法長官選挙に出馬し、共和党の対抗候補が不在だったこともあり無投票で当選する。ヒラリーは一緒に州都リトルロックへ移ることを選択し、職場もローズ法律事務所に替わっている。

1978年には、ビルがアーカンソー州知事に当選。32歳の若さが全米でも話題になった。ヒラリーはこうして、アーカンソー州のファーストレディとなったわけだが、以後も変わらず弁護士としての活動を続け、1979年にはローズ法律事務所で初めての女性パートナー（共同経営者）となる。ほかにも、アーカンソー州における質の高いヘルスケアの普及を目的とした地方健康諮問《しもん》委員会（Rural Health Advisory Committee）の議長を務め、カーター大統領の指名により、連邦議会が設立した非営利団体の司法事業推進公社（Legal Service Corporation）の理事になるなど、八面六臂《はちめんろっぴ》の活躍ぶりを示す。

多忙な日々を送るキャリアウーマン、州知事のファーストレディという2つの顔に加えて、ヒラリーに3つ目の〝顔〟ができる。1980年、娘のチェルシーを出産し、母になったのだ。

しかし、喜びも束《つか》の間《ま》、当時のアーカンソー州知事の任期は2年だったため、この年、ビルは再選をかけた知事選に出馬するが敗れてしまう。次の1982年の知事選でカムバックを果たすまで、ビルは雌伏《しふく》して時を待つことになる。また、この82年の選挙戦を機に、ヒラリーは結婚後も引き続き使っていた「ヒラリー・ローダム」という名前を「ヒラリー・ローダム・クリントン」に変えている。

ビルのアーカンソー州知事時代、ヒラリーはアーカンソー州の教育制度改革を目的とした教育水準委員会（Education Standards Committee）の委員長を務めている。

アーカンソー州のファーストレディとしての立《た》ち居振《いふ》る舞《ま》いには、どこか、のちの大統領ファーストレディとしての姿がダブるのである。

最強のファーストレディ

1991年、ビル・クリントンは大統領選挙への出馬を決める。

選挙運動中、ヒラリーが「家にいてクッキーを焼いてお茶を入れることもできたが、自分の職業を全《まっと》うすることを選んだ」とコメントしたことがあった。この言葉こそヒラリーの性格を表す。何事にも「綺麗な説明をつける」才女である。しかし自分は、クッキーを焼いたり、お茶を入れたりする気などまったくないのである。詭弁《きべん》である。

この〝利口すぎる発言〟は、当時の一般的な女性、つまり家庭の主婦や子育てに専心する女性から猛反発を食らった。単なるファーストレディ候補にすぎなかったヒラリーへの攻撃は、選挙運動中収まることがなく、ヒラリーは対応に苦慮し続けることになる。

そうした苦境がありつつも、ビルは大統領選挙の民主党予備選挙、本選を勝ち抜き、ベビーブーム世代初の大統領となる。ヒラリーも、1993年から2期8年間、アメリカ合衆国のファーストレディを務めることになるのである。弁護士という、アメリカで初めての「キャリアウーマンのファーストレディ」が誕生した瞬間であった。ヒラリーは、かつて国連代表を務めたエレノア・ルーズベルトと並び「最強のファーストレディ」とも形容された。しかし、エレノアのように社会貢献をやったわけではなかった。ヒラリーには常に政治的野心が見える。

ビルは大統領就任早々、ヒラリーを医療保険改革問題特別専門委員会（Task Force on National Health Care Reform）の委員長に任命する。アメリカは自由診療が基本で、そのため医療費が高騰し、経済的弱者は医者にもかかれない状態になっていた。医療保険改革は、それを何とかしようという、クリントン夫妻肝煎《きもい》りの政策課題だった。同委員会は、国主導型の国民皆保険制度を目指し、いわゆる「クリントン医療保険計画」を答申した。現在のオバマ・ケアの前身ともいえる。

しかし、医療保険制度の抜本的改革となりかねないこの計画は、自助努力を旨《むね》とするアメリカ国民の意識と既得権益層の〝壁〟を前に難航する。たちまち野党共和党や保険会社、製薬会社、中小企業などによる大規模な反対活動に遭遇《そうぐう》し、さらに議会は民主党が多数を占めていたにもかかわらず、支持を広げることができず、結局、翌1994年に廃案となってしまう。世論調査でも、アメリカ国民の大半が「国主導型の健康保険制度導入は、アメリカにとって時期尚早《しょうそう》」という考えであった。

ファーストレディを国政に参画させるという前代未聞《ぜんだいみもん》の人事が、国民に「不適切」と受け止められたのだと、政治評論家たちは一斉に批判した。また、実際にそのように思う人たちも多かった。ヒラリーの野心が砕《くだ》かれたと同時に、このイメージは、その後もずっとヒラリーに付きまとうことになるのである。

このクリントン政権のつまずきに勢いを得た共和党は、「急進的なリベラル」とレッテルを貼って攻撃を開始。同年の中間選挙では、共和党が大幅に議席を伸ばして両院で多数派を占め、行政府と立法府のねじれ現象が生じた。ビルはこれ以後、難しい政権運営を余儀《よぎ》なくされる。

ヒラリーは、1996年に刊行した著書“*It Takes a Village : and Other Lessons Children Teach Us*”の中で、医療保険改革の失敗について振り返っている。「自分の政治力が未熟であったせい」だと。特別専門委員会の委員長だったとはいえ、ファーストレディが自分の政治力の欠如を意識するのは異例中の異例のことだが、それがヒラリーという人物なのだ。筆者もこの本を途中まで呼んだが、若い理想に燃えるヒラリーのつまずきであったように思う。それでも著作はベストセラーとなり、ヒラリーの子供を中心とした政策課題は過半数の女性に好感をもって迎えられた。

素直に反省する姿勢を見せるヒラリーに「ヒラリーファン」のような女性もできたのであった。しかし筆者は、それこそ、「計算ずく」のヒラリーの正体なのではないかと思った。時勢によって、あまりにもあからさまに政治的態度を変える。そこまで選挙民を侮《あなど》れるはずがないのである。

クリントン夫妻には、日本の読者諸氏もご存じのように、ほかにもビルのホワイトハウス研修生モニカ・ルインスキーとのセックス・スキャンダルなど、数々の挫折《ざせつ》があった。しかし、大統領選挙キャンペーンで、ビルがヒラリーとのコンビを「ひとつ分の値段でふたつ分、のお買い得(“get two for the price of one”)」と言っていたことからもわかるように、ビルが「最大のアドバイザー」ヒラリーに全幅の信頼を置いていたことは間違いない。ヒラリーは、その後もクリントン政権を通じて閣議に臨席するという特別な存在であり続けた。

いつしかヒラリーは、彼女に批判的な人々から「共同大統領(co-President)」とか「ビラリー(Billary)」などと呼ばれるようになっていたのである。

ファーストレディの国政参加

しかしヒラリーは、その地位に甘んじる人物ではなかった。

２０００年、長年ニューヨーク州選出の上院議員を務めてきた民主党のダニエル・パトリック・モイナハンが引退する。この上院議員の評判は高く、筆者の住むコンドミニアムにいたこともあって筆者もロビーで会い、話しかけたことがあるが、人望の厚い人であった。

一方、共和党は、ニューヨーク市の現役市長ルドルフ・ジュリアーニが出馬を表明。強力な候補者を前に、議席を奪われる事態を危惧《きぐ》した民主党は、強烈な批判も浴びながら、なお冷めることのないその人気に期待をかけ、ヒラリーに白羽《しらは》の矢《や》を立てる。

だが、選挙区の住民でなく、しかもファーストレディの国政選挙出馬は、これまた前代未聞のことであった。

接戦が予想されたが、ジュリアーニが前立腺癌《がん》の治療のため出馬を取り止めると、共和党の後継候補の下院議員では勝負にならなかった。55パーセントの票を得たヒラリーはやすやすと当選を果たしたのである。そうして２００１年にビルが大統領の職を全うするまで、ヒラリーはファーストレディ兼上院議員というアメリカ史上かつてない存在であり続けた。

ファーストレディ時代はリベラル色が強く、夫ビルがセックス・スキャンダルを起こした際は、「右派の陰謀《いんぼう》」とまで言い切ったこともあるヒラリー。だが、上院議員になると、〝先〟を見《み》据《す》えたのか、世論に同調した柔軟性も見せるようになっていく。要するに、初の女性大統領を狙い始めたのである。リベラルの爪を隠して保守的な見方も入れ始め、軍事力強化など思いもかけないことを言いだし、伝統的民主党と異なることを示唆《しさ》したのであった。

アメリカ初の女性大統領への道

２００６年の上院議員選では、共和党候補に大差をつけて再選を果たす。あまりの圧勝ぶりに、「ヒラリー当確」の報は最も早く全米を駆《か》け巡《めぐ》ることになった。

この結果を受け、かねてより噂《うわさ》されていたヒラリーの２００８年大統領選への出馬が、次第に現実の選択肢として取り沙汰《ざた》されるようになっていく。同じころ、ビルが複数のインタビューに答えて、「出馬するかどうかわからないが、素晴らしい大統領になることは間違いない」などと発言し、出馬を言外ににおわせたことから、ヒラリー出馬説はいっそう真実味を帯《お》びていった。

２００７年1月20日、ヒラリーは大統領選準備委員会を設置。ついに２００８年の大統領選への出馬を正式に宣言したのである。

元ファーストレディとしての知名度に加え、人気や集金力でも民主党内では群を抜いており、直後にCNNが行った世論調査では、「民主党大統領候補にはヒラリーがふさわしい」とする声が40パーセントにも上った。対抗馬であったバラク・オバマは21パーセント、ジョン・エドワーズ（2004年大統領選挙でジョン・ケリーの副大統領候補）は11パーセントで、ダブルスコアかそれ以上の差でライバルを大きく引き離していた。

ところが、選挙戦はヒラリーの思惑《おもわく》通りには進まなかった。行きすぎたリベラルと取られないように、主張に保守的要素、つまり、共和党と妥協《だきょう》したような見方を入れたため、矛盾点が次々暴露《ばくろ》されて、予備選挙を前にその勢いは明らかに衰《おとろ》えていった。2008年1月3日にアイオワ州で行われた民主党予備選挙の開幕戦では、オバマとエドワーズの後塵《こうじん》を拝《はい》してしまう。まさかの事態だった。

1月8日にニューハンプシャー州で行われた予備選挙では、僅差《きんさ》ながら勝利して復活の兆《きざ》しを見せ、スーパー・チューズデーではオバマ候補とほぼ拮抗《きっこう》するまでに盛り返すことに成功する。「スーパー・チューズデー」とは、1988年3月8日に行われた予備選挙で初めて用いられたキーワードだ。この日、アメリカ南部のテキサス州、フロリダ州、テネシー州、ルイジアナ州、オクラホマ州、ミシシッピ州、ケンタッキー州、アラバマ州およびジョージア州で一斉に予備選挙が行われ、選挙戦の行方を占う重要な節目となった。これ以降、この日に予備選挙を実施する州は年ごとに異なるが、選挙戦を左右する一日であることは変わらない。

さて、スーパー・チューズデーを乗り切ったヒラリーだが、その後はオバマ陣営に押されっ放しで、劣勢はもはや誰の目にも明らかだった。その後の予備選挙では、オバマに9連敗。逆転を狙うどころか、崖《がけ》っぷちに追い込まれてしまう。

各州の予備選挙が行われるごと、互いに勝利と敗北を重ねながら、オバマは確実にポイントを稼いでいく。一方でヒラリーは、ますます敗色濃厚となっていく。党内からは撤退論も噴出したが、ヒラリーは敗北を認めず、「最後まで諦めない」として撤退を拒《こば》み続けた。プライドからくる傲慢《ごうまん》さが勝っていたのであろう。

ヒラリーの失言

だが予備選挙終盤には、伸びない支持に業を煮やし致命的な失言をしてしまう。ロバート・ケネディが6月に暗殺されたエピソードに言及したため、「オバマ候補の暗殺を期待している」と、オバマ陣営のみならず共和党陣営からも強い批判を受けてしまったのだ。筆者もこの時を覚えているが、不適切以外のなにものでもなかった。こんな失敗は決して許されない。魔が差したという以外ない。さすがのヒラリーも、オバマやケネディ家に謝罪するほかなかった。

4月以降の予備選挙では、ヒラリーは多少勢いを盛り返し、いくつかの州で勝利を収める。それでも、最終的には、民主党内で大統領候補を決定する党内選挙に投票できる権利を持つ「特別代議員」の獲得数でもオバマの逆転を許し、オバマは全代議員の過半数を獲得して指名を確定させた。さすがのヒラリーも、この結果は受け入れるほかなかった。ついに8月の民主党党大会で正式に、撤退とオバマ支持を表明した。この時の演説は筆者には惨めなものと映った。

筆者はこの時のヒラリーの顔をよく覚えている。敗北宣言をしながらも、「次は私が勝つ」という意欲がその表情ににじみ出ていた。もちろん、予備選挙で現職大統領に勝つ可能性はほとんどないから、オバマが大統領になり再選を果たせば、さらに次の大統領選挙を狙うことになる。そこまで待てるのか？　筆者は、ヒラリーは勝つまでやるだろう、と思った。


オバマに敗れたヒラリーであったが、オバマも実力者ヒラリーをそのまま放っておくわけにはいかなかった。第一次オバマ政権下でヒラリーを国務長官に任命したのである。ヒラリーはこの機会を、経験を積むチャンスにし、第二次オバマ政権からは一定の距離を置くスタンスを取った。すべては、アメリカ初の女性大統領の座を掴《つか》むための戦略であったのだろう。

こうして大統領選挙の敗北から7年かけて立ち直り、２０１６年の大統領選に、ついに大本命として立候補したのであった。

愛されない女性

駆け足で一気にヒラリーの来歴を追ってきた。このヒラリー・クリントンの人生に、アメリカの選挙民は、いったいどんな感情を持つであろうか？

「才女」であることは間違いない。それは実績から認めざるを得ない。だが筆者は、ヒラリー・クリントンの中に、人間性として極端な自己矛盾を感じるのである。これは、一般的なアメリカ人も同じだと思う。

アメリカの最右翼の政治家の一人だったゴールドウォーターについてみたり、左翼の代表的人物であったジョージ・マクガバンについたりしている。これだけブレがあると、バランスの取れた思想や価値観を持っていないのではないか、と疑わざるを得ないのである。

ビルと一緒にホワイトハウスに入ったころは、燃えに燃えていたと思う。やっとこれで、思い切って政治的な活動ができると考えたであろう。

だが、ヒラリーが国民健康保険制度を導入するという目標にとりつかれた時、筆者は、「はてな？」と思った。彼女は選挙で選ばれた議会議員ではない。大統領夫人なのである。国政レベルの仕事を、納税者の金を使ってやってよいものだろうか。それをやるなら、選挙に出て、上院議員や下院議員になることが先決なのではないか——そう思ったのである。

ヒラリーは、なにかと越権行為をやる人なのである。そして、テレビに出演してしゃべると、党派的なことを言い、プログレッシブ（進歩的）なリベラルなのである。要するに、要領がよくタイムリーな発言をよくするのであった。

筆者とベンチャー企業を一緒に始めた仲間は、２人してヒラリー嫌いになった。我々は、ヒラリーの驚いた顔写真をウェブに載せて「皮肉った」。我々は、同じような世代であった。どうもヒラリーの思想や、要領がよくて功利的な考え方、また、強いほうにつくという日和見《ひよりみ》な態度が気に入らなかった。我々は、典型的なヒラリー嫌いになったのである。

ところが、ヒラリーは単純な才女ではない。

1998年ごろのことだが、Foreign Policy Association（外交政策協会）の集まりで、筆者は、ほんの少しの時間であったが、ヒラリーに会う機会を得た。どんな話をしたか、はっきり覚えている。

「ベンチャー企業を盛んにしましょう。それが、アメリカを発展させることになります」

筆者が自分の考えを述べると、ヒラリーは握手し、「やりましょう」と言って、微笑《ほほえ》んだ。その微笑は、筆者の印象を変えさせるに十分なものであった。すっきりとした、いい顔であった。それで、いっぺんに評価を変えたのであった。

しぶとさと能弁さと

だが、ヒラリーはやはりヒラリーであった。前述の通り、2000年にファーストレディの身でありながら、ニューヨーク州から上院議員に立候補した。

彼女は当時、ニューヨークとはまったく関係なかったが、立候補することに決めたのであった。このような候補のことを、アメリカでは「カーペットバッガー（Carpetbagger）」と呼ぶ。
「ウィキペディア」によれば、カーペットバッガーとは、もともとは、アメリカ合衆国の南北戦争（１８６１－６５年）後のリコンストラクションの時代（「再建時代」、１８６５－７７年）に、南部に移住した北部人のことを指す言葉である。彼らは、共和党の中で解放された人々（元奴隷《どれい》の黒人）およびスキャラワグ（リコンストラクション政策を支持した南部の白人）と同盟関係を形成し、元アメリカ連合国に参加した州の政治を一時期支配した。その支配期間は州によって異なり、多くは１８６７〜７７年の間である。

もっといえば、カーペットバッガーという言葉は、持ち物の一切合財《いっさいがっさい》をカーペットバッグ（カーペットの生地で作った旅行鞄《かばん》）に詰め込んで南部に到着し、敗北した南部から搾取《さくしゅ》や略取を行うつもりだったといわれる白人共和党員を指して使われた。じつはこの言葉は、軽蔑《けいべつ》的な意味合いを含んでいる。

１９００年以降になると、それまでとくに何の繋《つな》がりもなかった土地・地域で政治的な役職を求めたり、経済的な利点を追求しようとしたりする「部外者」を表現する際に使われるようになっていく。日本でも外部から地域と無縁の候補者がやってくるときは「落下傘《らっかさん》候補」などと揶揄《やゆ》されることがあるが、アメリカ人はみずからの土地、国の独立を、自分たちの手で摑み取った人々の子孫である。縁もゆかりもない人間が、自分たちの地域に舞い降りる際の侮蔑《ぶべつ》の意味合いは、日本よりさらに強いものがある。

筆者のベンチャー企業の仲間にも、こういうふうにヒラリーを捉える人が多かった。このようなヒラリーのやり方に、筆者も再び、ヒラリー嫌いになったのであった。

ヒラリーは、政治的にピンチに巻き込まれると、巧みな法律用語を使って逃げるのが得意であった。優秀な弁護士である。そのまま弁護士を続けていたとしたら、相当な成功を収めていたであろう。

だが、政治家としては、冷たくて賢すぎるし、エリートでありすぎると筆者は思う。彼女は「ポピュラー・ヴォート（人気投票）」がものをいう大統領選挙には向かないのではないか。これはヒラリーの最大の弱点ではないかと思う。

あくまで筆者の主観と偏見である。


ここで、リスクの高い筆者の予測を申し上げたい。ヒラリーに対抗する共和党予備選の候補を見渡すと、筆者の主観であるが、能力、適格性、経験などの観点から判断すると、マルコ・ルビオ、ジェブ・ブッシュくらいに絞《しぼ》られるのではないかと思うのだが、どうであろうか。そうなると、次のようなシナリオが浮かんでくる。

一騎打ちの相手がルビオなら、２００８年のオバマと戦ったようなケースが考えられると思う。つまり、ルビオの新鮮さと若さに押されてしまうというケースである。

ルビオは、ネガティブ・キャンペーンを避けるであろう。ルビオは、マイノリティ出身で高い理想と価値観の持ち主である。したがって、ヒラリーとしては、ルビオの「未熟さ」「未経験」を攻撃しなければならない。だがこれは、危険な手段であろう。ヒラリーがこの点を突けば突くほど、選挙民の反発が強くなるだろう。ヒラリーにとっては、リスクが大きい。

もし、相手がジェブ・ブッシュであれば、泥仕合となることが予想される。なぜなら、ヒラリーは、ブッシュの兄のイラク戦争を当然、揶揄《やゆ》するだろうし、ブッシュはベンガジ事件、国務省サーバーの私的使用問題を突き、ネガティブ・キャンペーンの応酬となるだろう。そうなると、アメリカのパワーハウス、クリントン家とブッシュ家の争いになり、アメリカとしては、まったく新鮮味のない大統領選挙となろう。

ここではトランプを無視しているが、もし、トランプが共和党の大統領候補として選ばれた場合、容易にヒラリーの勝利が予想されるであろう。

第３章　反体制の扇動者とダークホース

反体制への扇動者

真夏の異変――と第1章で書いた。アメリカで何が起こっているのであろうか？

筆者も、共和党に竜巻のような旋風《せんぷう》を起こしているトランプの記者会見のテレビ中継を見た。8月7日、ニューハンプシャー州の大きな会場である。ご承知のように、ニューハンプシャー州は最初の予備選挙が行われる。それゆえ注目度も高い。記者団のほか一般の聴衆も参加していた。会場の外は、中に入れない観客でごった返していた。

廊下でも、大スクリーンで中の様子を見ることができるようであった。前回の大統領選挙でもトランプは立候補したが、あの時は何ら影響を与える存在ではなかった。当時と比べ、なんと大きなうねりであろうか。

記者団の質問が始まった。トランプの質問に答える様子は、まったくもって鮮やかなものであった。堂々としていて、大統領然としているようにさえ見える。記者団からあがる質問に、次々答えていく。お見事と言わざるを得ない。普通なら、回答に不満で、さらに食らいついて次々質問をする記者団も、度肝《どぎも》を抜かれたのか追加質問が出ない。

ただしトランプは、前述のように、中国や日本が、アメリカから仕事を奪い金を取っているというような意味のことを平気で口にする。異論や批判をねじ伏《ふ》せるような発言をする。そして、アメリカは中国に1兆5000億ドルほどの借金をしていることをあげる。

「いったい、これまで政治家は何をやってきたのか。自分の議員としての再選ばかり考えてきたのではないか」

要するに言いたい放題なのである。Stupid（バカ）というような単語も使われる。丁寧《ていねい》に議論をしようという気がさらさらないことは明白だった。

軍隊は大きければ大きいほどよい。アメリカに盾突く国は許さないといった発言も飛びだす。〝アメリカ帝国〟を志向するような表現だと思った。

今度の選挙の争点の一つである不法移民に関しては、「不法移民を引っ張り出し、本国に帰らせろ。規則を作り、アメリカにまた来たい移民には審査を厳しくして、審査を通った者のみ再入国させる」などとも言う。いったい、2700万人いるともいわれている不法移民や、その家族をどうやって抽出《ちゅうしゅつ》するのか。方法があったとしても、どれだけ金がかかるのか。自分に都合の悪いことには触れない。基本的な問題の解決方法は何も示さない。

そんな政策が実行不可能であることは、火を見るよりも明らかである。政治のことを何も知らなくても、普通の知識を持っているアメリカ人なら、誰でもわかる。公的な発言としては考えられない内容であった。

トランプの言うことには、「How（いかに）」がない。現存する政策、世界情勢、国内情勢の問題を引っ張り上げ、欠点、弱点を突き、大げさかつ簡単に結論づけ、徹底的に批判するだけである。

それを記者団、聴衆を相手に、有無を言わせず一方的にしゃべりまくるのである。

しかし、不思議である。そんな内容の会見なのに、観衆は大喝采なのである。

こんな記者会見が、大統領選で行われたことはあるだろうか。40年アメリカに住み、大統領選挙をウォッチしてきたつもりであるが、こんなことは初めてである。

記者会見後のトランプの選挙演説も同じだった。現状を自分勝手な論理で批判、非難し、これまでの政治家をぼろくそに斬《き》って捨てる。しかし、それらの問題をどのように解決するかはほとんど言わない。他者への批判と非難の連続でしかなかった。

筆者に言わせれば、トランプは、Anti-Establishment（反体制）への扇動者なのである。

前にも述べたように、今のアメリカ人は、「国が正しい方向に進んでいると思うか」と問う世論調査に、「間違った方向に進んでいる」と答える人が62・3パーセントもいて、議会の不支持率は76・2パーセントにもなるのである。

ホワイトハウス・行政・立法・司法が集中する首都ワシントンに対するアメリカ国民の信頼は

ゼロに近い。それを巧みに利用してアメリカ国民を扇動すれば、たちまち人気が出ることは明らかであった。トランプは、そこに火をくべ、燃え盛る炎の上で踊っているのである。

その記者会見以来、筆者は、トランプの演説はまともに聞いたことがない。あまりにも意図的な扇動が見えるのである。そして、ジェスチャーと表情がテレビ的なのである。まるでテレビのショー番組である。だから、メディアは取り上げる。視聴率を稼げるからである。

トランプ支持は、依然として衰えていない。いつまで続くのか？

いったい、共和党支持者に何が起こっているのか？　共和党支持のインテリ層は、トランプが予備選レースのトップを走っていることを憂慮している。なぜなら、トランプではヒラリー・クリントンに勝てない可能性が高いからである。この「トランプ旋風」「反ワシントン体制旋風」がなぜ、こんなレベルにまで達したのか、なぜ執拗《しつよう》に続くのか、その真実を掴むには、まだ時間がかかると思われる。

ベン・カーソンに注目せよ

共和党は、立候補した17人の候補者のうち、テッド・クルーズ上院議員、ベン・カーソン元医師、マルコ・ルビオ上院議員、ジェブ・ブッシュ元知事、カーリー・フィオリーナ元ヒューレット・パッカードCEOがトップ5人だと筆者は見ていた。ワシントン・エスタブリッシュメントと関係のない人たちが有力だと考えたのである。

その中で、ベン・カーソン本命説を唱《とな》える人がいる。筆者の長年の友人で、やはり、金融関係で働いているJさんである。

筆者が「ベン・カーソンが勝ち抜くと、再び黒人の大統領になる。オバマの2期と合わせて3期連続となるが」と言うと、「大統領選では、皮膚の色は関係ない。大統領になってよい仕事ができるか、信頼できるか、それだけだ。私は、ベン・カーソンに会った。人間性に優れ、冷静で沈着《ちんちゃく》な人である。大統領としてふさわしい人であることがわかった。今、共和党で立候補している人たちとは比べ物にならない」と答える。

ベン・カーソンは、名門ジョンズ・ホプキンス大学病院を退職した神経外科医だ。頭部が結合した双生児を分離する難手術に成功するなどの業績で知られ、政治評論でも名が通っている。また、大統領自由のメダル（民間人を対象とした勲章の中で最も栄誉あるものとされている）を受けている。

そして、当初「共和党の本命」といわれてきたジェブ・ブッシュは苦しそうである。

なにしろ、討論では常にイラク戦争の是非が問われる。自分の兄、ジョージ・W・ブッシュが始めたイラク戦争を擁護《ようご》しなければならないのである。そのうえ、ブッシュ家の王朝ぶりも擁護しなければならない。

父親のジョージ・H・W・ブッシュは、CIA長官も含め、ワシントンの体制側の主要人物であった。オイル資本と密接に結びつき、ワシントンで力を発揮《はっき》してきた。テキサスで、オイルで大金持ちになり、ワシントンを牛耳《ぎゅうじ》った。ワシントンは長い間、オイル資本に動かされてきた。ブッシュ王朝といえば、まさにワシントンそのものである。

アメリカ国民のワシントン離れ、ワシントン不信が広がる中で、この重荷に耐えることはジェブ・ブッシュといえども容易なことではないだろう。

しかもジェブ・ブッシュは、トランプに手を焼いている。トランプを批判し、叩くと、それだけ支持率が落ちるのである。この点はほかの共和党候補も同じだが、ブッシュが最も影響を受け、8月の時点ではトランプに次いで支持率第2位だったにもかかわらず、それ以後、下降がとまらなくなってしまった。

前述のようにブッシュは、兄の行ったイラク戦争の悪夢を背負って立たなければならないのである。イラク攻撃の目的だった大量破壊兵器は見つからず、4000人以上の若い兵士が犠牲になったイラク戦争、それは兄のジョージ・W・ブッシュが行った戦争である。しかし、そのやるせない選挙民の気持ちがブッシュ家に向けられているのであろう。

それをオポチュニスト（日和見《ひよりみ》主義者）、トランプが絶妙な意地悪さで、ジャブ・ブッシュを苦しめるのである。ブッシュが反論するが、「私の兄のイラク戦争は、間違った判断に基づいた、間違った戦争であった」とは、口が裂けても言えないのである。ここに政治、歴史の厳しさがある。3代目の大統領誕生を企《くわだ》てるブッシュ王朝は、大きな壁にぶち当たっている。

ワシントンで保守とリベラルの対立が激しくなり、何も決められなくなって、どのくらいの時間が経ったか正確に知る由《よし》もないが、とにかくひどいものである。

アメリカ社会で長年続いてきた右と左の対立構造なり、問題なりが、今度の大統領選挙で一気に噴きだすことになったものと筆者は見る。トランプのような極端な扇動者をやみくもに支持する風潮は、アメリカ選挙民の苦悩を反映しているものと思う。

最終的にトランプが大統領になることはない、と筆者は見る。しかし、彼の存在は、反体制の波が確実にアメリカを覆《おお》い始めていることを証明している。

このトランプの扇動がいつまで続くのか。2016年3月のスーパー・チューズデーまで続き、トランプの共和党予備選挙勝利はあり得るのか。ジェブ・ブッシュが巻き返すのか。ベン・カーソンという新しい風が巻き起こるのか。

醜聞まみれのワシントンの女王

さて、民主党である。

ヒラリーは先述の通り、RealClearPoliticsの世論調査では10月6日時点で41パーセントと、まだその優位性を保っている。しかし、これまで述べてきたような数々の疑惑に加えて、アメリカ国民のワシントンに対する反発は、じつはヒラリーが最も受けることになる。

なにしろヒラリーは、ファーストレディ、上院議員、国務長官と経験してきた「ワシントンの女王」のような人物なのだ。アメリカ国民の反ワシントンの動きでトランプ旋風が起きているとするならば、それはやがて、ヒラリーへの逆風ともなりかねないのである。また、仮にヒラリーが無事に民主党の指名候補となっても、本選挙では、共和党の集中砲火に苦しむだろう。苦戦は避けられない。

バイデン、出馬を断念

10月22日、ヒラリーにとって朗報が届いた。それは、ヒラリーをじりじりさせていたバイデン副大統領が予備選出馬を断念したことである。これはあくまで筆者の想像であるが、ビル・クリントン元大統領をはじめとするクリントン・チームの圧力があり、民主党本部のバイデン降ろしの力が働いたものと思う。そして、バイデンの出馬を強力に押していたオバマ大統領の敗北であったと思う。オバマ大統領の民主党に対する力は、完全に弱まったといえる。

しかし、バイデンを出馬させなかった民主党本部は利口だったと思う。なぜなら、民主党を2

つに割っていたなら、ヒラリーもバイデンもお互いに大きな傷をこうむることになっていたであろう。バイデンは、オバマ政権の副大統領であり、オバマ政権の政策を擁護《ようご》する立場であり、いまだに共和党と戦わねばならないオバマ・ケアの問題や、今後起こると予想されるTPP(環太平洋戦略的経済連携協定)の議会承認など、難関が待ち受けている。TPP不支持を表明したヒラリーがそれを批判するという、民主党としては最悪の論戦が繰り広げられる状況になっていたであろう。これで民主党は、ヒラリーで一本化されたのである。ヒラリーは、さぞホッとしたであろう。

ヒラリーではなく、バイデンのほうがよかったという民主党支持者は多いと思われるが、バイデンはもたもたしすぎたと思う。政治には即断即決が必要な時があるのは、万国共通である。

スーパー・チューズデー

秋以降の大統領選挙の趨勢《すうせい》を占うのはたいへん難しい。だが、共和党は、どこかの時点でトランプの力が弱まり、群雄割拠《ぐんゆうかっきょ》の時期がしばらく続き、各地で繰り広げられる予備選挙の勝者はバラバラに分かれ、「スーパー・チューズデー」まで、混戦で結果がわからない状態になると予想する。

そこで確固たる勝利を収めた暁《あかつき》には、その候補は、所属する政党の指名獲得に向けて大きく前進する。

ところで、年明け早々に開催されるアイオワ州党員集会とニューハンプシャー州予備選挙が、最初の予備選挙・党員集会であることから、例年多くの報道陣の注目を浴びることになる。その一方で、これらの小さな州の結果はアメリカ全体の結果を代表するものではない、という批判も根強い。筆者もその一人で、なぜ、この2つの州がそんなに早く行われるのかわからない。後に続く予備選挙を占うことにもならない。

これらは確かに重要ではあるが、注目すべきはやはり、2月または3月初旬の火曜日、各地で一斉に予備選挙・党員集会が行われるスーパー・チューズデーなのである。

国の中で、地理的にも社会構成的にも多様な多くの州で行われることから、スーパー・チューズデーは大統領選挙の候補者にとっても大きな意味があると思う。

中でも、民主党のビル・クリントンのケースは面白かった。1992年、それより前の予備選挙で敗北していたビルは、スーパー・チューズデーに行われた南部の予備選挙で勝利を収めたことで、一気に死の淵《ふち》から蘇《よみがえ》り、浮上した。スーパー・チューズデーの勝利の勢いそのままに、最終的に民主党大統領候補としての指名を受け、さらに大統領の地位を摑み取っていった。

また近年、多くの州がみずからの予備選挙の重要性を高めようとして、日程を前倒しにしようとしている。そのため、2月の初旬の火曜日に予備選挙・党員集会が集中して開催されるようになっている。

共和党の混迷の行方

おそらく、2016年共和党の予備選挙による指名獲得は、スーパー・チューズデーが終わっても決着がつかない可能性が高いのではないか。これからまだ、トランプが勢いを保つと思うが、アイオワ州、ニューハンプシャー州、サウスカロライナ州と予備選が行われる過程において、トランプの弱点、とくに外交問題で大きな欠点が露《あらわ》になるのではないかと思われる。外交問題に関し、トランプはまったく素人《しろうと》ととらえたほうがよさそうである。

また、他の候補がトランプ攻撃の効果的な突っ込みを見せると思う。9月に入って、共和党のリック・ペリー、スコット・ウォーカーが候補から相次いで脱落し、当初の17人の立候補者が15人となっている。10月以降、さらにどんどん脱落者が出てくるが、彼らがトランプ支持に回ると見るのは早計で、他の候補を支持する可能性が高い。なぜなら、彼らの支持者には、体制側を支持している選挙民が多いからだ。

候補者がドロップアウトするたびに、トランプ支持も一定数伸びる可能性があるとしても、他の候補と差が縮まっていくであろう。また、他の候補からターゲットにされることで、トランプのメッキがはがされていくと思うのである。そうなると、一気に事態が急変してもおかしくない。

それとともに、年が替わっていよいよ予備選が本格化するころには、アメリカ選挙民の大統領選についての関心も深まってくる。各候補をもっと〝まじめ〟に見るようになってくるであろう。そうなった時、誰が自国のCommander-in-Chiefとしてふさわしいか、的確に摑もうとし始めるだろう。誰がＩＳＩＳに立ち向かい、解決できるか、誰が国民の望むアメリカ大統領にふさわしいかなど、選挙民が真剣に考え、決断を下していくだろう。

筆者としては、その時おそらく、ルビオ、フィオリーナなどが出てくると見る。

この2人は、今回の大統領選挙において「ダークホース」と呼んでもよいと思う。筆者は現在、ルビオとフィオリーナに最大の注意を払っている。新鮮で、大きなミスは犯さない。しかも、その姿勢はネガティブではなく、あくまでポジティブである。この2人の動きに注目したい。

各地で、予備選挙が行われる過程で、選挙民がそれぞれの立場に戻り、冷静な判断を下すようになっていく。これは、アメリカ大統領選挙の常である。初期段階ではどうしても、ひっかきまわす候補を支持しやすい。不満がある人々が反体制に流れるのも不思議はない。絶えず変化を望むからである。しかし、いざ投票日となると、選挙民は、自分たちの信じる道に票を投じることになる。

今、トランプに流れている選挙民は、白人のブルーカラーが多いと推察される。白人のブルーカラーは、平均収入も伸びず、仕事をどんどん勤勉なマイノリティに取られている。不法移民にも厳しい見方をしている。自分たちの仕事が奪われているからである。

しかし、そのようなブルーカラーの白人層は、野菜を収穫するとか、イチゴを摘《つ》むとか、不法移民がやるような仕事は望まない。また、中国や日本が作るような安くて、質のよい製品を作ることができない。そこで、トランプのような人が、「不法移民を追いだし」「中国や日本の商品をボイコットする」といったことをなおも説《と》けば、一気に傾く。

トランプは、大衆を扇動する台詞《せりふ》を十分知っている。一般大衆が好む表現、言葉を使い、巧みにしゃべっているのである。ラジオやテレビのトークショーのホストのようなポジションを作りあげている。ただし、夢はいつか覚めるものだ。

共和党支持層が、トランプでホワイトハウスを奪回できるという夢物語を思い描いているとすれば、最終的には、オバマに挑戦して無残に敗れ去ったマケイン、ロムニーと同じ道を歩むことになるのではないか、と筆者は思うのである。待っている現実は、地滑り的敗北である。

9月16日、共和党テレビ討論会

リベラルメディアと目されるＣＮＮが、２０１５年9月16日に共和党予備選立候補者によるテレビ討論を行った。共和党のテレビ討論会としては、8月に続き2回目だ。筆者は、驚くべきことを実感した。アメリカが国家として今後いかなる道へ進むべきか、方向性についての討論が皆無といっていいほどなされなかったのである。

この原因は、ドナルド・トランプにあることは明白である。つまり、トランプという異端児が、共和党予備選レースのトップを走り、大統領選を自分のゲームのようにしてインテリジェンスのない大衆の扇動を狙うあまり、本来あるべき中身がすっぽりと抜け落ちてしまったのだ。常に世界をリードしてきたアメリカで、国家の、世界のあり方について議論されない大統領選挙など考えられない。

他の候補は、トランプの政治的知識の欠陥を突き、トランプを首位の座から引きずり下ろそうとするばかり。だから、トランプ1人と他の10人の候補の批判とデマゴーグに基づく言葉のやりとりにしかならない。

トランプは、果敢《かかん》に他の候補をレベルの低い表現で批判する。ウォーカーに「あなたは、世論調査で11位だ。支持率は、１パーセントに満たない。このステージに立って、討論に参加する資格もない」ととんでもないことを言う。するとウォーカーは、「この討論に丁稚は必要ない」と応酬《おうしゅう》する。前述のように、トランプは、テレビで「The Apprentice（丁稚）」という番組をやり、成功したことがある。それを指しているのである。

また、共和党唯一の女性候補であるフィオリーナは、トランプが「ローリングストーン」誌のインタビューで、フィオリーナのことを「あの顔で大統領とは？」と言ったことを挙げ、鋭《するど》く叩いた。するとトランプは、「あなたは、美しい女性だ、美しい顔をしている、と言ったのだ」と反論する。とんでもない大統領選候補の話題である。

もう一人冴《さ》えなかったのは、ベン・カーソンである。この時点で、支持率では第2位につけていたが、言葉による戦いに加わろうとしなかった。

筆者は、これは処置なしだと思った。なぜ、もっと重要な問題が討論されないのであろうか。ブッシュまでが自分の妻がメキシコ人であるため、トランプの移民政策に関連づけて、トランプに「私の妻にお詫びをしろ」と言いだす始末だ。トランプは、それに応じない。

アメリカが直面している重要課題であるＩＳＩＳ、シリア、ウクライナ、イランなどの問題が話題に上がったものの、各候補の政策論争が行われるような場面はついぞなかった。

観ていて愕然《がくぜん》とした。これはいったい何であろうか。単なる私的な叩き合いではないか。どの候補をとっても、大国アメリカの大統領らしい風格はないと筆者には思われた。

そして、ひょっとすると、このテレビ討論会は大きな変化をもたらすかもしれない、と思った。つまり、共和党指導部のトランプ引き落としが始まる。そして、本格的な政治家を上位につける、という意図が透《す》けて見えるのである。

ＣＮＮによると、このテレビ討論会の結果、トランプは８ポイント支持率を下げ、12ポイント。ルビオが６ポイント上がり、15ポイント。フィオリーナが２ポイント上がり、16ポイント。ブッシュが1ポイント上がり、18ポイントとなったとした。

ここで使われている「支持率」というのは、共和党指名候補戦の勝者となる確率を予測した数字である。この調査結果をどれほどの重要性をもって解釈したらよいのか、ＣＮＮも説明していないのでわからないのだが、筆者には「大きな変化」が共和党予備選に起こっているように思えた。つまり、ワシントン体制に対する選挙民の反体制の見方が、落ち着きを見せてくる気配を感じ取った。振り返ってみると、この９月が転機になりそうだが、さて、どうであろうか。

９月21日、ＣＮＮの最新の世論調査が発表された。トランプ24パーセント、フィオリーナ15パーセント、ルビオ14パーセント、ブッシュ11パーセントとなった。やはり、というべきか、トランプの下降が始まった。アメリカの世論がトランプの大統領としての不適格性に気づいたのである。

筆者に言わせれば、アメリカの選挙民がいかに見る目がないかということだ。アメリカの大衆のインテリジェンス・レベルを大統領選は教えてくれるのである。

この世論調査の注目すべき点はほかにもある。マルコ・ルビオとカーリー・フィオリーナが支持を上げてきたのだ。この2人の特徴は、「ネガティブ・キャンペーンを避けている」ことである。そして、他の候補がネガティブ・アタックを仕掛けると、それに対して、ポジティブに逆襲するのである。これまでの大統領選挙立候補者としては、やや変わったスタンスと言わざるを得ない。だが、筆者は大いに歓迎する。足を引っ張り合うのではなく、おのれの信念に従って挑戦する。それこそアメリカである、と思う。

2人のダークホース

ここで、この2人の歩みをかいつまんで紹介しておこう。

まず、カーリー・フィオリーナだ。

フィオリーナは、1954年、テキサス州オースティンに生まれている。スタンフォード大学に入学し、1976年に中世史と哲学の学士を取得し、カリフォルニア大学ロサンゼルス校（UCLA）のロースクールにも入学したが中退している。1980年にメリーランド大学カレッジパーク校のロバート・H・スミス・ビジネススクールでマーケティングの経営学修士号を、1989年にMITスローン経営大学院で理学修士号を取得した。

1980年、AT&Tに管理職訓練生として入社する。1995年11月には副社長に就任した。1996年2月にAT&Tからルーセント・テクノロジーズ（現アルカテル・ルーセント）が分社設立され、1997年10月にルーセント・テクノロジーズのグローバル・サービス・プロバイダ・ビジネス部門の部門長に任命される。

1999年7月、ヒューレット・パッカードのCEOに就任、2000年からは会長も兼任する。しかし、大きな問題を起こした。2002年にコンパックとの合併を実現したが、その後、業績は悪化の一途《いっと》を辿《たど》り、2005年2月にすべての役職を辞した。極端な人員削減策や、先の見えない戦略に対して内外から批判されたのであった。この失敗は、フィオリーナの評判を落とした。トランプにも批判されている。この重荷は背負っていかねばならない。

大統領選にあたり、これからフィオリーナがネガティブ・アタックを受けるとすれば、この失敗であろう。フィオリーナがどう対処するか見ものである。筆者が見るフィオリーナの欠点は、オフェンスには強いがディフェンスに弱いところである。

次に、マルコ・ルビオだ。

ルビオの両親は1956年にキューバからアメリカに来た移民で、1975年にアメリカ国籍を取得している。

父親がバーテンダー、母親がホテルのメイドをして家計を支える中、ルビオは3人目の子供としてマイアミで生まれた。ルビオはフットボールの奨学金を得て1989年からミズーリ州のターキオ・カレッジで1年間学び、フロリダ州に戻り、1993年にフロリダ大学を卒業している。マイアミ大学で1996年に法学博士号を取得した後、弁護士を開業した。

2010年に連邦上院議員選の共和党予備選に立候補し、当時州知事だったチャーリー・クリストと争い、本選でクリストと民主党候補とルビオの三つ巴《みどもえ》の戦いを繰り広げたが、大差をつけて初当選した。ルビオは上院議員になった時から、将来の共和党大統領候補として、早くも期待された存在だった。

2012年の大統領選挙の共和党予備選では中立的な立場だったが、2012年3月30日に正式にミット・ロムニーの支持を表明した。ルビオは副大統領候補として最有力視されたうちの1人であって、中南米系の支持を集められると見られていたが、最終的にロムニーは、ルビオではなくポール・ライアンを副大統領候補に選んでいる。

2人とも候補者として、じつに新鮮な感じがする。

アウトサイダーとインサイダー

筆者は、ワシントンの反体制の候補を「アウトサイダー」と呼び、体制側の候補を「インサイダー」と呼んでいる。当初はこの断絶が明確だった選挙戦だが、だんだんとアウトサイダーとインサイダーの差が縮まってくるのではないかと思う。その結果が、本書が刊行される11月あたりからはっきりとした動きとなって表れてくるはずだ。つまり、トランプの独走態勢が崩壊する。というより、トランプを選挙民が見放すタイミングがくるだろうと思っている。

また、現在第2位につけているカーソンは、9月の共和党の第2回テレビ討論会では、戦いを避け、論戦に加わらず、静かに客観的に発言した。これは先々振り返ってみると致命的な分岐点《ぶんきてん》になるであろう。激しい戦いを避ける態度を見せると、その後はまったく目立たなくなり、選挙民の印象に残らなくなる。筆者は、これこそ敗戦への道を歩む路線の代表的なものであると思う。

やはり、よい印象を残したのは、ルビオとフィオリーナである。筆者は、この2人が大統領候補、副大統領候補になり、コンビを組めば、共和党の「ドリームチーム」になるだろうと思う。

第４章　日本人の知らないアメリカ大統領選挙

NYマイストーリー

筆者は高校生の時、朝日新聞の英字新聞であったAsahi Evening News（現International Herald Tribune/The Asahi Shimbun）でアルバイトをした。実家が新潟県の田舎《いなか》で新聞販売店（朝日新聞、読売新聞、毎日新聞、日本経済新聞）をしていたため、幼いころから新聞が大好きであった。そして、外国のニュースが好きであった。

Asahi Evening Newsでの仕事は、東京・有楽町のガード下のオフィスにある編集部から道路を隔《へだ》てたところにある「The Japan Times社の工場に原稿を運ぶことだった。16歳の少年だった筆者は、「コピーボーイ」と呼ばれた。

編集部員は、アメリカ人、オーストラリア人、ニュージーランド人などが主であった。その中に、ワシントン・ポスト紙の特派員を兼ねていたピーター・テムという人がいた。この人にずいぶん気に入られ、それから6年間、世界のことをたくさん教わった。ピーターは日本語がほとんどわからなかったので、話は全部英語だったが、これがよかった。自然に英語を覚えていった。

彼は、取材にも連れて行ってくれた。内向的な少年だった筆者に現実の世界を見せ、少しでも大きな人間に育てたいと思ってのことであったと後で知った。アメリカという国の大きさ、世界における力、そして、大統領の存在、権力について、筆者はそのワシントン・ポスト特派員に学んだ。もちろん、まだ高校生である。理解は限られている。

このころであったと思う、アメリカの大統領に興味を抱いたのは。しかし、まだ16歳であるから、アメリカのライフスタイル、学校、そして、アメリカ人のペンフレンドを持つことにより強く興味を持った。本当の意味で大統領に関心を持ち始めたのは、ジョン・F・ケネディ大統領からである。それもはっきり言うと、ケネディ大統領の暗殺からである。

大学を卒業すると、この朝日新聞の英字紙の入社試験を受け、入社した。少年のころの楽しさが忘れられなかったのであった。

そのうち、どうしてもアメリカで生きてみたいという願望が強くなって、会社を替わった。「アメリカ要員」ということでＴＤＫに入社すると、すぐにニューヨークへの転勤命令が出て、１９７５年にアメリカに渡った。

あの日からちょうど40年。以来ずっとニューヨークに住んでいるが、アメリカという国に関する最大の興味は、大統領選挙と大統領そのものであった。これを取り去れば、自分の人生の40パーセントは消えてしまいそうである。よくぞ、こんなによその国のリーダーを追いかけてきたものである、と自分でもつくづく思う。

さて、ＴＤＫアメリカに送られてから間もなく、アメリカのトップビジネススクールで勉強させる留学制度が築かれた。誰も応募しなかったので、各事業部から推薦することになった。筆者が属していた事業部から、筆者が推薦された。そこで、コロンビア大学ビジネススクールに入学し、ＭＢＡを取得したのであった。

ＴＤＫニューヨークに復帰してから3年間働いた時、日本政府の国連代表部に強く押され、国際連合で働くことを決意した。この時であった。筆者は、ＴＤＫから、授業料と教材代等を全額返済するよう命令された。もちろん、大きな金額であり、筆者にとって重い負担となった。しかし、全額返済した。人間、人生はできるだけ、すっきりと生きることが筆者の信条であった。だがこれで、筆者が16歳の時に抱いた2つの夢であった「コロンビア大学入学」と「国際連合勤務」を果たすことができた。今では、ＴＤＫに深く感謝している。

国際連合に移ると、予算局に配属され、のちに事務総長に就任したコフィ・アナンの下で働いた。

だが、それは、自分が生涯望む仕事、道でないことが早い時期にわかった。なぜなら、あまりにも事が進む速度が遅く、フラストレーションが大きかったのである。

国際連合で自分の生きる道を見つけることは難しかった。結局、筆者は神経皮膚炎にかかり、仕事を辞めざるを得なかった。

アントレプレナー精神が旺盛《おうせい》な筆者は、１９８４年には自分の会社をニューヨークに設立し、独立した。仕事はコンサルティングで、Ｍ＆Ａ（企業の合併・買収）などの業務をするかたわら、ジャーナリストしての活動を始め、現在まで続いている。中心は、アメリカの政治、経済である。最初から、ジャーナリズムの仕事は生涯続けるという決意であった。

その後、コロンビア大学ジャーナリズムスクールが発行している、Columbia Journalism Review の日本版の記事を翻訳、紹介するなど深く関わった。また、デヴィッド・ハルバースタム、ダン・ラザー（ＣＢＳニュース・アンカーマン）、ピーター・ジェニングズ（ＡＢＣニュース・アンカーマン）、ウォルター・クロンカイト（ＣＢＳニュース・アンカーマン）、モーリーン・ダウド（ニューヨーク・タイムズ、コラムニスト）など、アメリカのジャーナリストたちから大いに学んだ。

また、ヘンリー・キッシンジャー元国務長官、ツビグニュー・ブレジンスキー元国家安全保障問題担当特別補佐官、キャスパー・ワインバーガー元国防長官などにもインタビューの仕事で会って、勉強させていただいた。その中には、いくつかのスクープもあった。

このような経験を通し、ニューヨークで生きてきた。また週末は、コネチカット州のウィークエンドハウスに出かけ、田舎の生活もし、地方の政治やアメリカの田舎の人たちの価値観なども知ることができた。発見したのはやはり、ニューヨーカーは特殊であるということだった。自由で、芸術を愛し、独特の都会生活を楽しむ。しかし、孤独である。完璧に孤独である。そして匿名の生活である。

日本とアメリカ大統領

さて、アメリカ大統領選挙の話である。

日本人にとって、アメリカ大統領とはいかなる意味を持つのであろうか。2～3日、考えてみた。日本ではアメリカ大統領に対して、「不当に日本を締《し》めつけている人」「日本をコントロールしている人」「日本に難題を持ちかける人」などといった否定的な見方をする人もいれば、「日本の安全を守ってくれている人」「いざとなったら頼るべき人」など好意的な見方をしている人もいるであろう。

もちろん、無関心の人も多いだろう。しょせん、日本人にとっては、よその国の大統領である。自分の日常生活に直接関わりが生じてこない限り、関心は薄いだろう。

しかし振り返れば、1853年にペリー提督が日本にやってきて、江戸幕府がそれまでの鎖国政策を改め開国を決めて以来、アメリカと日本の関係の深さは歴史が示す通りである。とくにアメリカと日本は、直接戦火を交《まじ》えた太平洋戦争という大戦争を経験している。この戦争では、たくさんの戦死者が出て、国の物理的な破壊が行われ、人類史上初めての広島・長崎への原爆の投下もあった。戦争による損害は、日本にとって計《はか》りしれないものがある。

太平洋戦争終結以来、70年が経ち、日本人の思いもひとしおだと思う。

フランクリン・ルーズベルト、ハリー・トルーマン、ドワイト・アイゼンハワー、ジョン・F・ケネディ、リンドン・ジョンソン、リチャード・ニクソン、ジェラルド・フォード、ジミー・カーター、ロナルド・レーガン、父ジョージ・H・W・ブッシュ、ビル・クリントン、息子ジョージ・W・ブッシュ、バラク・オバマと大統領は替わってきた。それぞれの大統領の下で新たな日米関係が繰り広げられ、今また、新しい大統領を迎えようとしている。

揺れる日米関係

太平洋戦争後、日本は敗戦国としてアメリカの占領下に入った。ダグラス・マッカーサー元帥とGHQ（連合国軍総司令部）の指導の下、日本の再生が行われたのである。

戦後の経済復興のスピードは、さすが勤勉な国、日本だったと思う。焼け野原という最悪の状態から立ち上がり、人々は必死にたくましく生きる道を探した。そして、国民の消費経済は復活し、再び成長を始めた。やがて日本は、技術大国に成長し、1968年にはGDPベースで西ドイツ（当時）を抜いて、アメリカに次ぐ世界第2位の経済大国になったのであった。

これは、奇跡ともいえる復興であった。現在は、GDPこそ中国に追い抜かれたが、一人あたりのGDPは日本のほうがはるかに高い。2014年、日本は3万6332ドル、中国は7589ドルと比べものにならない(IMF統計)。

ところが自分の国の安全保障となると、戦争への反省もあるのであろうが、日本は戦後70年を経ても、明確な国民の一致はない。筆者の見方では、日本の安全保障はほぼ、日米安全保障条約に依存しているのではないだろうか。

日本国内では、自衛隊の位置づけをどうするか議論が続いている。憲法第9条で定める「戦争の放棄」とは、どう見ても矛盾するのである。その憲法第9条を変えることがきわめて困難だからといって、自衛隊の存在、自衛隊の行動をこじつけで正当化するからおかしくなるのだと筆者は思う。憲法改正を現実的に可能にするプロセスを作り、そのうえで憲法改正が是か非か、国民がみずから国の安全保障を考え、国を挙げて議論する必要があると思う。

マッカーサーは、日本が再び軍事国家となり、侵略戦争を起こさないよう、日本国民を徹底的に弱くした。骨抜きにしたといってもいい。そしてそれが、GHQの対日政策の根本であった、という説を聞いたことがある。信用できる説と思う。当時の対日政策として、当然あり得る戦略目的である。

だが近年、日本を取り巻く状況は大きく変わった。隣国・中国が巨大経済国家、軍事国家となり、虎視眈々と東シナ海、南シナ海の覇権を狙っているからである。中国が侵略してくるのではないか、という不安と恐れが日本国民の間で起こってきたのである。筆者はこれも当然のことであると思う。

だが、この機に乗じ、集団的自衛権などといってあいまいな案件を持ち出し、憲法改正が難しいため、「解釈改憲」で法整備を目指す安倍首相と与党の動きには、賛同しない。幹を変えず、枝を変えようとしているとしか思えない。「接ぎ木《つぎき》」のようなものであろう。憲法との矛盾を抱えながら軍備軍略をめぐらせても、国民は納得しないであろう。

また、中国の脅威《きょうい》を冷静に分析し、予測しないで、「恐れ」から動こうとしても明確な軍事政策や軍事戦略は出てこないと思う。

集団的自衛権の問題にしても、まずは日本国民と政府が日本という国家のあり方を明確に位置づけたうえで、「方向づけ」をしなければならないのではないか。これができないうちにいくらアメリカ政府や専門家と話しても、無駄であろう。なぜならアメリカ国防総省は、戦略目的が明確でないものは後回しにする傾向があるからだ。

筆者がこの本を執筆している中、9月19日、安保法案（平和安全法制整備法案）が参議院で可決された。

これは将来、重要な結果を生むと思われる。日本が自衛隊の役割を明確にし、海外に自衛隊を送るという法的きっかけを作ることで、これまでの日本のあり方はもちろんのこと、中国、韓国、ロシアなど北東アジアの国々の人々の日本に対する見方をも大きく変えると筆者は思うのである。彼らは、日本の安保法の改定がどんな内容かは吟味《ぎんみ》せず、日本の過去の戦争における侵略を危惧《きぐ》する可能性は十分あると思う。

彼らにとって、確かに日本は平和国家であり、豊かな国で、学ぶところが多い国である。しかし、日本国民がそのような国々の国民を十分に尊敬しないという意識を潜在的に持っていることを、筆者はアメリカに移住してきた中国人や韓国人から聞いてきた。そんな彼らも2世、3世になると、そのようなわだかまりが消えていることも学んできた。だから若者たちが、それぞれの国々で中堅どころになれば、日本、中国、韓国などの国々の関係は改善されるのではないか、と信じている。

また、アメリカ政府や専門家が、日本に対し軍備の拡大を望む裏は何か、十分考えなければならないと思う。その理由として、アメリカ人がイラク戦争以来、戦争を望まない国民になったということがある。今後ますます「モンロー主義化」の傾向が進むことは避けられない。共和党の大統領になったとしても、その傾向は変わらないのではないか。

アメリカ人の人生についての考え方、価値観、世界観が変わってきた。自分が持って生まれた生命、生き方の自由、生きる価値観に変化を起こしたいのではないか、と思う。

イラク戦争以来、アメリカ国民は、戦争の価値を多く認めず、外国の戦争に加わることを避けるようになった。この傾向は、だんだんと著《いちじる》しくなっているように感じられる。厭戦的《えんせんてき》になっていると思う。

党ごとの対日政策の違い

さて、日米関係がきわめて緊密であることは言わずもがなであるが、同時に、日米関係は時の大統領によって大きく影響を受け、左右されてきた。前者はともかく、後者について日本人の多くは、あまり自覚されていないのではなかろうか。

まず知っておかねばならないことは、決めるのはホワイトハウスであるが、対日政策決定に至るまでのプロセスは大統領が選ぶ専門家から始まる、ということだ。

アメリカには、外交政策を究極的に決める機関「国家安全保障会議（ＮＳＣ）」がある。これについては、ぜひ理解しておかなければならない。

この組織は、大統領を議長に、副大統領、国務長官、国防長官、国家安全保障問題担当大統領補佐官、首席補佐官、国家安全保障問題担当次席大統領補佐官が常時参加し、アドバイザーとして統合参謀本部（ＪＣＳ）議長、国家情報長官が加わる。ほかに財務長官、司法長官、国土安全保障長官、ホワイトハウス法律顧問、国家経済会議委員長、アメリカ国連大使、行政管理予算局局長なども加わることがあり、まさにアメリカ合衆国の安全保障（「安全保障」には外交も含まれる）の司令塔である。

NSCの機能は大きく分けて、「大統領への政策助言」「中長期的な安保戦略の立案」「戦略に基づいた各省庁の調整」と3つある。簡単に言えば、国家安全保障アドバイザー、国務長官などが中心になり、シンクタンクの専門家、大学の専門家、産業界の専門家などから十分聞き取りを行って相手を研究し、戦略目的などを決めていくことになるのである。

要するに、相手が日本なら日本で、自国にとって最も利益のある付き合い方はいかなるものかを戦略的に見ることになる。アメリカ政府の外交は、自国の利益が先に立つことを十分理解しておくことが肝心であると思う。

そして、このNSCは、大統領が民主党出身か共和党出身かでメンバーがまったく入れ替わるだけでなく、ヒアリングの対象となる専門家も大統領の党派により、保守系かリベラル系に分かれると思ったほうがよい。同時に、大統領直属の外交アドバイザーグループもいる。もちろん、国務省、国防総省などの行政府が選ぶ専門家もいるだろう。いずれにしても、異なる価値観で外交政策が決められることになるわけで、対日政策が、共和党大統領と民主党大統領とで、大きく異なるのは明白であろう。

日本側も、彼らの陣容を見極め、それに対抗できる陣形を取らねばならない。

たとえば、共和党大統領であったロナルド・レーガンは、中曽根康弘首相と「ロン－ヤス」の間柄を築き、当時の日米関係は良好といわれた。筆者が調べた限りでは、中曽根首相のアメリカの利益に協力した動きの結果ではなかったかと思う。

父ジョージ・H・W・ブッシュ大統領はイラク戦争（２００３年－）で、日本に多大な負担をさせた。そして、民主党の大統領であったビル・クリントンは、貿易摩擦《まさつ》でタフな交渉を日本に迫った。バラク・オバマは、対日政策を環太平洋の一部として捉《とら》える傾向にある。いわゆるＴＰＰ（環太平洋戦略的経済連携協定）交渉で、日本に大きな譲歩を求めた。

共和党はやはりタカ派であり、ナショナリズムの傾向が強く、アメリカ国家としての利益を優先する傾向にある。一方の民主党は、ＴＰＰに見られるように「ちぐはぐ」で「日和見主義」である。アメリカの民主党自体がそうであると、筆者は思っている。だから、民主党がホワイトハウスを握ると先が読みにくくなる。

共和党と民主党の政権の違いは後の章で説明するが、肝心なことは、４年ごとに行われるアメリカの大統領選挙の動きを日頃から追いかけ、変化を見逃さず、アメリカの世論がどう動き、どの候補が現れ、どの候補が選挙民のモメンタムを摑むか、注意してウォッチしていくことである。そして、誰が最も有力かを見極め、それぞれの候補を綿密に調査し、いかなる政策を日本に対し取ってくるか、予測することである。誰が外交アドバイザー、つまり、国家安全保障問題担当補佐官、国務長官に指名されるかも読まねばならない。早ければ早いほどよいと思う。

アメリカの外交政策は、達成する目的を設定し、戦略を練《ね》り、決めてくると一般に理解されている。そのアメリカ政府、ホワイトハウスの意図を明確に捉えておく必要がある。事実、オバマ政権の対日政策の目的は、ヒラリー・クリントンが国務長官時代に作成したものであり、中心はTPPであった。この取り扱いについて、日本はアクションが遅かったと筆者は思う。もっと、先に読んでおくべきだった。やろうと思えばできていたはずだが、どうしたことか日本政府は、本格的に研究し、具体的に動くことが遅かったと筆者は記憶している。

2016年にアメリカの新しい大統領が誕生する。民主党になるか、共和党になるかで政策の方向性も大きく変わる。ヒラリーが大統領になっても、万が一の可能性でトランプがその職に就《つ》くことがあったとしても、日本への要求は厳しいものになりそうだ。さて日本は、「その時」への備えが進んでいるであろうか？

おそらく、日本の外務省や首相官邸にこのような情報収集、分析、予測の役割を果たしている専門家もおられるのではないかと思うが、念のため申し上げたい。

大統領の権限

アメリカの大統領は、一般の日本人が思う以上に大きな権限を持っている。大統領はアメリカ合衆国軍の最高司令官であり、国家指揮権限を持つ。宣戦布告はアメリカ議会の権限であり、軍隊を募集し編制することも議会の権限である。しかし、よく調べてみると、今日では、議会による宣戦布告を悠長《ゆうちょう》に待っていては先制攻撃が不可能になってしまったり、逆に敵対国から先制攻撃を受けてしまったりする可能性があるため、大統領はこの指揮権を根拠に宣戦布告なしで戦争を開始できることが慣例的に定着していることがわかった。

実際、アメリカ合衆国が正式に宣戦布告を行ったのは、米英戦争（1812－14年）、アメリカ－メキシコ戦争（1846－48年）、アメリカ－スペイン戦争（1898年）、第一次世界大戦（1914－18年）、第二次世界大戦（1939－45年）の5回しかなく、1941年12月の日本海軍による真珠湾《しんじゅわん》攻撃を受けて日本とナチス・ドイツ他枢軸《すうじく》国側に対して行ったものが最後の正式な宣戦布告である。

意外に思われるかもしれないが、朝鮮戦争（1950－53年）やベトナム戦争（1960－75年）など、以後の戦争では宣戦布告は行われていない。アメリカ議会は、ベトナム戦争に見られるようになし崩し的な戦線拡大に対する反省から、「戦争権限法」を定めて大統領の指揮権に一定の制約を設けたのであった。

また、アメリカ軍の保有する核兵器の使用権限も大統領が保持しており、大統領が使用命令を出すことで初めて核兵器の使用が許可されるようになっている。

このような権限を持つアメリカの大統領は、アメリカの軍事力、経済力などをバックに、大きな影響を世界に与えることができる。

とはいえ、同盟国としての日本の立ち位置、進む方向は、アメリカ大統領が自国の利益ために勝手に決めるものではなく、日本独自のものでなければならないと筆者は強く思う。

アメリカ大統領のやることすべてに同意していたら、アメリカの敵は、全部日本にとっても共通の敵となる。アメリカが自分の利益で戦争をした場合、それでも日本はアメリカに追随しなければならないのであろうか。まったく選択権はないのであろうか。また、そもそも疑問に思うことは、日本独自の立ち位置、進む方向とはいったいいかなるものかということである。果たしてどれだけの日本人が、この質問に答えられるであろうか。

年俸40万ドルの孤独な権力者

アメリカの大統領ほど、孤独な人はいない。一日の仕事が終わり、夜一人で大統領執務室にいる。机の上には、決定しなければならない案件がたまっているであろう。どれも政治的判断が必要で、簡単な問題はない。

楽観的な大統領、たとえば息子ジョージ・W・ブッシュは明るい性格で、あまり困難を困難と受け止めないようであった。だが、ほとんどの大統領はそうではない。いくら優秀なスタッフがいようと、最後は、自分一人で決めなければならない孤独と向き合うことになる。

アメリカ大統領が下す決定は、世界にとってきわめて重要なものが多い。そして、それにまつわる文書にすべて自分が署名する。後世まで残るその決定は、うまくいって当然と思われ、失敗すれば世界中から責めを負う。大きな権限を持つということは、その重責に常に堪《た》えねばならないということなのである。

「あんなに重大な責任を取らされて、あんな給料ではとても割に合わない」

と言うのは、筆者の親友であるウォールストリートの大手銀行重役のM氏である。ちなみにオバマ大統領の年収は40万ドル（約４８００万円）というから、ウォールストリートとは比べものにならない。

ゴールドマン・サックスのパートナーの最低年収は90万ドルとのことである。実際は、ボーナスなどが入りそれをはるかに超えるようであるが、オバマは、少なくともその倍はもらわなければならないのではないか。国のボスとして働いているのである。ウォールストリートの重役より、はるかに高い給料で働かねばならないはずである。

ただ、M氏の話はここで終わらない。

「オバマ大統領をもっと働かせるために、少なくとも、給料を今の2倍にしたほうがよい」

M氏は、オバマ大統領はもっと高い給料をもらい、もっと仕事をしなければならないと言うのである。なるほど。オバマ大統領は就任以来、まだこれといった実績がない。

記者会見に臨《のぞ》むオバマ大統領の姿を見ると、確かに凄《すご》みは増した。顔つきも年を取った。若くして大統領になった人は老《ふ》け込むスピードが速い。苦渋《くじゅう》の時間が多いのである。

問題は行っている内容である。ＩＳＩＳとの戦いにしても、相変わらず進展がない。筆者の身の回りの友人は、筆者がオバマを話題にしても何も言わなくなった。彼は、アメリカの正式な大統領決定プロセスで選ばれたのである。選んだアメリカ国民にも責任はあるはずである。

オバマ大統領の支持率は、２０１５年10月６日時点で45・４パーセント、不支持率は49・４パーセントである。確かに支持率は落ちている。筆者は、オバマはもう新しい発想をし、新しい政策を打ち出し、国内的にも国際的にもリーダーシップを取ることはできないのではないかと思っている。大統領としての力はすでに限界にきているのではないか、とさえ思っている。

なにしろ、周りに能力あるスタッフがいない。アメリカの大統領として成功するためには、たとえばヘンリー・キッシンジャーのような能力の持ち主を獲得できるかどうか、つまり、アメリカの叡智《えいち》をどれだけそろえられるかがカギとなる。オバマは大統領になっても、その偉大な力で、有能な補佐官を集めることができなかったのではないだろうか。マイノリティ出身であることもその理由の一つなのかもしれない。

任期まで1年以上を残しているが、これからますます「黄昏《たそがれ》の幽霊」のようになっていくのであろう。口が悪くて申し訳ないが、筆者はあれだけ派手に大統領職をやってのけたレーガン大統領でさえ、晩年にアルツハイマーが影を落とし、そう呼ばれるようになったことを記憶している。

第1章で、2016年の大統領選挙は、かつてないほど動きが早い、と述べた。その理由の一つは、オバマが黄昏時を迎えるのが早すぎた、ということにあるのかもしれない。40万ドルでは安すぎる孤独な権力者。だからといって、40万ドルという安い収入に見合った働きしかしないというのであれば、話にならないのである。

アメリカ大統領選挙の特徴

もう一つ、アメリカ大統領選挙の動きを早めている原因は、デジタルメディアであろう。

今日のようなデジタルメディアの時代になって、アナログメディアの時代とは大統領選の戦い方が根本から変わってしまった。

説明するまでもないが、選挙民の詳しい情報が手に入り、より広く深くアプローチできるのである。今日、このデジタルメディアを駆使《くし》できない候補では、勝負の土俵《どひょう》に上がることもできないと思う。

大統領選挙は、ますますマスメディアでの戦いが重要になり、プロモーション活動を担《にな》う会社は、大統領選挙で収入が増えている。

前述の通り、筆者はニューヨークに40年住み、実際にニューヨーカーとして、それぞれの大統領の統治下で暮らし、生き、アメリカの友人たちと大統領に関し大いに語り合い、議論してきた。

筆者がニューヨークに渡ったのは1975年3月16日のことであるから、その間、大統領は、フォード、カーター、レーガン、父ブッシュ、クリントン、息子ブッシュ、オバマと経てきたことになる。

激動の40年間であった。レーガン暗殺未遂《みすい》、第一次湾岸戦争、コソボ紛争、日米貿易摩擦、ワールドトレードセンターへの攻撃を含む同時多発テロおよびイラク戦争。経済問題では、ITバブル、ウォールストリートの繁栄と不正事件、リーマンショック、サブプライム問題など大きな変動があった。

その間、大統領選挙を、筆者はニューヨークで見てきた。時には、自分の身を投じたこともあった。

そこで本書では、アメリカの新聞や雑誌、テレビニュース、ウェブサイト・メディアの記事ではなく、また、教科書的な「アメリカ大統領選挙の仕組み」でもなく、筆者の独自の「センチメンタルなアメリカ大統領観」や彼らの選挙での戦い方を、エピソードを交えつつ語っているわけであるが、この角度からの見方は、筆者のアメリカ理解を大いに助けてくれた。おそらくは、日本人読者諸氏にとっても、一般的な報道ではわからないアメリカ大統領選挙の〝行間〟のようなものを皮膚感覚で理解する助けになると思う。

カネまみれの選挙

アメリカの大統領選挙は、アメリカにおいては間違いなく「国民最大の政治ショー」であろう。18歳以上の国民が投票でき、前回２０１２年の大統領選挙の投票数は約1億３０００万票であった。フットボールもベースボールも季節的なもので、何ヵ月間かでシーズンは終わってしまう。大統領選は４年ごとのイベントであるが、立候補者は何年もかけて準備をする。アメリカでこれだけ長期間、多くの国民が沸《わ》くイベントは、ほかにない。政治に限ることなく、アメリカ中を熱くする一大イベントであるゆえんだ。

大統領選挙に立候補するために最も困難なことはファンドレイジング、つまり選挙資金の調達だ。大統領選挙に出馬してかかる金は、毎回増えている。２０１６年の大統領選挙では、民主党のヒラリーは必勝を期して約30億ドル（約３６００億円）を集めるといわれている。

２０１２年の大統領選挙の本選で、民主党候補のオバマと共和党候補のミット・ロムニーが使った金額は、２人合わせて約26億ドル（約３１２０億円）だったというから、予備選挙費用を含んでいるとはいえ、ヒラリーが用意する金額がいかに巨額かよくわかる。これがヒラリーにとって、「アメリカ史上初の女性大統領を目指すための金額」なのである。

そんな大金を集めることにとことん努力し、立ち上がったヒラリーをどう表現したらよいのか。筆者には判断できない。もちろん第一に特別な執念がなければならないであろうが、そのチャンスが自分にあると信じたのは間違いないであろう。それにしても、巨額の金がかかるものである。

アメリカでは、個人の政治的寄付金は最高２７００ドルである（CONTRIBUTION LIMITS FOR 2015-2016 FEDERAL ELECTIONS）。資金集めのパーティを多く開き、たくさんの人を参加させて資金を集めるのである。野球場やフットボール競技場で大量の選挙民を集めてやる時もある。有名な歌手が無料で出演したり、映画スターも出演してスピーチをしたりと、ハリウッドをはじめショービジネス界も資金集め、集票の道具となる。

近年では、ネットを使っての資金集めが効果的となっている。Facebook も LinkedIn などのSNS（ソーシャル・ネットワーキング・サービス）も有効に使われる。資金集めのためのSNSは、若者の政治参加を広めることに役立っているのではないかと筆者は思うが、塵《ちり》も積もれば山となる。ネットの力は大きい。

さらにヒラリー陣営は、Eメールも最大限に活用する。自分の活動報告をしたり、選挙戦への参加を呼び掛けたりするメールが筆者の元にもたびたび送られてくるが、その中にあるリンクをクリックすると、寄付するためのサイトに飛ぶという仕組みだ。これが1通、２通ではなく、文面を変え、何度も送られてくる。さらに、「夕食への招待」などといってメールがきても、それはファンドレイジングで、結局は寄付金集めなのである。

そして、大金持ちが巧《たく》みに合法的に寄付をする。立候補者は金持ちを探す。民主党にも共和党にも金持ちのリストがある。寄付をする側もいろいろな候補に資金を振り分けようとする。さらに両党の候補にまたがる時もある。選挙のあらゆる可能性を考え、資金を提供するのである。

アメリカでは、企業・団体・組合などが政党や政治家に直接献金を行うことは禁止されている。

２０１０年の市民連合対連邦選挙委員会裁判における連邦最高裁判決や SpeechNow.org 対連邦選挙委員会裁判の連邦巡回区控訴裁判所判決で、言論の自由を認める憲法修正第1条の観点から、支持する候補者や政党と直接協力関係にない政治活動であれば献金額に限度を設けてはならないとの判決が下された。

このような候補者から独立した政治団体は、企業献金や個人献金を大量に集め、影響力が大きくなるにつれ、特別政治活動委員会（スーパーPAC）と呼ばれるようになった。このスーパーPACが大きな役割を果たすようになった。しかしこれは、実にトリッキーなのである。スーパーPACは無制限に資金を集めることができ、テレビコマーシャルやウェブ広告などを利用してさまざまなキャンペーンを行っている。

特徴的なのは、支持候補に対する支援ではなく、対立候補へのネガティブ・キャンペーンが多いことである。

ここにさらに、立候補者個人の資金が加わる。立候補者には政府から資金が出るが、これは元をただせば納税者の金である。民間からの寄付金が多いと、政府からの交付金を拒絶する場合もある。

いずれにせよ、本命候補のヒラリーが約30億ドルと最も資金を集めていることからわかるように、いまの大統領選挙は「金がものを言う選挙」になっている。たとえ劣勢に立ったとしても、最終的に金が集まり、相手候補の弱点をでっち上げて、広告を次々に打って、大々的かつひっきりなしにネガティブなキャンペーンを展開すれば、それなりの成果は期待できる。ひょっとしたら逆転の目も生まれるかもしれない。

大勢のアルバイトを雇い、有権者に直接電話する「ロボコール」などと呼ばれるキャンペーンもある。

いまや、金を集められない人は、そもそも大統領に立候補できなくなった。大統領の職に足るだけの立派な器《うつわ》を持ち、思想を持ち、価値観を持っている人でも、金を集められなかったら、また、そのような金を持っていなかったら、大統領選に立候補できない。現在のアメリカ大統領の究極の資格は、「金を持っており、金を集める人脈を持っていること」である。

このようなアメリカの現実は、間違っていると思う。

レストランで：右と左の対決

先述のアイリッシュ・レストラン兼パブ「ニアリーズ」である。

筆者がこの店を知ったのは6年前のことだった。ある日、当時ニューヨーク市長であったマイケル・ブルームバーグがそこから出てくるのを見かけた。2〜3日して、そのレストランに入ってみた。完璧にアイリッシュ・スタイルであった。アイリッシュといえば、アイルランド系アメリカ人は、3人の大統領を出している。ケネディ、レーガン、クリントンである。立派なものである。

「ニアリーズ」で最初に知り合ったのは、中年の女性サットンさんという人であった。我が家のコンドミニアムがあるのは、ミッドタウンのサットンプレイスで、この住宅地には国連事務総長やキッシンジャー元国務長官も住んでいるのだが、サットンさんは、このサットンプレイスを開発したサットン・ファミリーの子孫であるという。

さらにサットンさんは、元ニューヨーク州知事のジョージ・パターキ（共和党）のアシスタントであった。パターキといえば、彼が州知事に立候補した時、筆者はその劣勢を見かねて、彼のキャンペーン・チームに進言したことがあった。

「マンハッタンというリベラルな街で勝てるはずがないが、たとえ5人でも10人でも、聴衆がいれば演説をするようにしたらどうか？　リベラルなテレビは、いかに支持者が少ないか報道するだろう。しかし、名前もよく知られていないパターキは、それをきっかけに知られるようになる。第一、その聴衆の数を徐々に増やせば、勢いをつけるきっかけになる。だから、負けるとわかっているマンハッタンでも集会を開き続けたらどうか」

そのためかは不明であるが、パターキは、マンハッタンで集会を開くことを忘れなかった。そして、聴衆は徐々に増えていき、やがて世論調査で現職のマリオ・クオモに追いつき、最終的に接戦を制したのであった。「大逆転」とまでいわれた勝利であった。

パターキ元知事は今もやってきて、ビールを飲む。ビルとヒラリーのクリントン夫妻も大晦日《おおみそか》にやってきたことがある。また、ブッシュ家の人たちも、ケネディ家の人たちもやってくる。

「ニアリーズ」というアイリッシュ・レストラン兼パブは、こんなところだ。

そして興味を引くのは、前述の通り、右の壁の席に保守派で共和党支持の客が好んで座り、左の壁の席にリベラル、つまり民主党支持のお客が座るのである。右の壁にはブッシュ親子や、チェイニー元副大統領の写真が飾ってあり、左の壁にはビル・クリントン、ヒラリー・クリントンの写真が飾ってある。

これは何を意味するのか？

今やアメリカは、価値観、政治、社会、人間の見方から、国の財政政策、経済生活まで、多くの面で国民が真っ二つに割れている。もちろん、「保守かリベラルか」という対立軸を中心に大きく割れているという姿を、端的に表していると筆者は考える。

「ニアリーズ」で、ブッシュ家とケネディ家がたまたまかち合ったことがある。その時は、右側の壁の隅《すみ》のテーブルと、最も距離を置いた斜《なな》め向かいの左側の壁の隅のテーブルについてもらったということであった。これほどまでに、政治上の右と左は対立関係にある。

この2つの極端な人同士が話をし、政治的な話題に入ったとすると、注意を要することになる。

第二次オバマ政権が成立したころのことだ。

筆者は「ニアリーズ」の右壁のテーブルに座り、ランチを食べていた。すると、オーナーのジミーがやってきた。ジミーは共和党支持者で、筆者も穏健《おんけん》な保守派で、どちらかというと共和党支持であるため、話が合う。そこで2人で仲良く、オバマ批判をしていた。

すると、中間のテーブルの列を越えて左の壁の席に腰掛け、我々の話を聞いていた中年の女性3人のグループが話しかけてきた。

「あなた方がオバマ大統領を批判するのは、彼が黒人だからではないのか？」

この夫人たちは早くも、感情的になっている気配であった。

この質問には、注意して答える必要性がある。まかり間違うと人種差別主義者と思われてしまうからである。レッテルを貼られると、はなはだ迷惑なことになる。今度その人たちと街のどこかで遭遇すれば、人種差別主義者として後ろ指をさされてしまうだろう。そんなシチュエーションに陥ったら、筆者とジミーのメンツはない。

そこで、ジミーも筆者も女性たちの指摘をただちに否定し、オバマ大統領の政策の間違いを突いた。とにもかくにも客観的事実をあげて、それゆえにオバマ大統領を支持しないのだということを説明しなければならなかった。

その時は何とか逃れたが、オバマ大統領になってからというもの、このような目に見えないプレッシャーがかかるようになったことは事実である。とくにニューヨーク市は圧倒的に民主党が強く、リベラルの天下であるからなおさらだ。

アメリカではマイノリティの日本人である筆者も、あちこちで政治論争になって気まずい思いをしたことがある。それを避けるため、あらかじめ自分の立場を述べるようになった。そうすれば、相手も自分の立場を最初から表明し、論議はそれを土台として進ませることができるようになるからだ。

たしかに右と左の対立はあるが、それでもなお、意見の相違を尊重するのはアメリカ人のよいところであると思う。

メディアの徹底的あら探し

大統領選挙に立候補する人は、普通の人ではないと筆者は言いたい。まず、人並み外れた強いエゴを持ち、何があっても前へ進むという不撓不屈《ふとうふくつ》の精神を持たねばならない。

立候補を宣言した瞬間、その候補について、メディア記者たちのあらゆる手段を駆使した身元調査が始まる。幼時から現在に至るまで、徹底的に調べられる。子供時代からの友人、教師、学生時代の友人、社会人となってからの友人、知人、そして、行動などを徹底的に調べ上げる。彼らはまるで、民間のＦＢＩかＣＩＡのようなものである。

彼らの〝捜査リポート〟は執拗《しつよう》である。尻尾を摑んだら、離さないどころか、とことんまで引きずりだす。候補者が使っていた、ビザを持たないベビーシッターやハウスキーパーの存在まで調べ上げ、何か問題が見つかれば我先にと報道し、その違法性を叩いていくのである。

このような報道記者の追跡調査により、立候補を断念しなければならなかった人もいた。今でも立候補を決める際、報道記者の捜査によって重大な事実が暴露されないかをいち早くチェックするようになっている。

今回の選挙における、ヒラリー・クリントンの外国からの巨額の資金が国務長官の地位を利用してのファンドレイジングであったという疑惑、国務長官時代の私用サーバー使用疑惑も同じだ。24時間ぶっ通しで保守的ニュースを流し続けるFOXニュースチャネルなどの保守系メディアは、「ヒラリー叩きの絶好のチャンス」とばかりに容赦なく、徹底的に調べ上げる。

ヒラリーは最初、正面から相手にしなかった。逃げるだけであった。時間を稼ぎ、それらのスキャンダルがしぼむのを待つというスタンスであった。夫のビルが大統領であった当時、クリントン夫妻は、素早くみずから打って出てこのような問題に対処したものである。しかし今回、ヒラリーとその取り巻きの人たちは、動かなかった。

打って出て、早く正直に話すのが最良の戦略であり、武器である。前述の通り、ヒラリーは結局、圧力に屈する形で、9月初旬にテレビ出演し謝罪に追い込まれてしまった。どうせやるなら、もっと早い時期にやったほうが効果的だったのに、と思わざるを得ない。

ただし、引いた視点で見れば、スキャンダルとどう対峙《たいじ》するか、闘うのか耐えるのか、これも、人間模様が透けて見える大統領選挙の一面である。

また、立候補者は、強靱《きょうじん》な権力欲を持った人物であろう。名誉欲も人一倍強いであろう。このような人物が選挙民の支持を勝ち取る戦いを行うのであるから、そこには生々しい人間のドラマが付きまとう。それこそ、大統領選挙が一大イベントになる理由のひとつであろう。

たとえばある人物が、立候補はしてみたものの、残念ながら予備選挙で敗退したとする。アメリカの選挙では、負けたことを素直に認め、対立候補を称え敗戦演説をするのが礼儀である。この敗戦演説は実に重要である。次に立候補した場合に影響を与えることになる。そのため、周到に準備したものでなければならない。

敗戦演説を聞いていると、候補者によってはまるで勝利演説に聞こえてくるから不思議である。敗戦チームのスタッフや支持者、そして家族が集まり、敗戦した候補を称える。

大統領選挙には、こうした人間ドラマがたくさんある。その中で、いかなることがあっても犯してはならない不文律がある。それは、情に負けて涙を見せたり、怒りに燃えて発言したりすることである。どこで演説しようと、いかなる時でも、選挙運動中は決して自分を失ってはならないのである。

Likability＝好感度で決まる

40年ウォッチしてきた視点で筆者がはっきり言うと、その大統領候補者の世界観や政策などが有権者の投票行動を決めるのではない。もっと重要なのが、「候補者が選挙民にどれだけ好意的に受け容《い》れられているか」である。逆に言えば、「どれだけネガティブに捉えられているか」である。

この分野で、良くも悪くも最も話題の多いのは、やはりヒラリーである。

夫のビルが大統領に選ばれ、ともにホワイトハウスに入った時から話題の多い人であったが、白人の男性や女性から好き嫌いをはっきりと言われる人でもある。

今回の大統領選挙でも、まだヒラリーが民主党内で敵なしで、世論調査において、共和党候補の誰と一騎打ちになったとしても優勢であった段階でさえ、ヒラリーを「好ましい」と思う選挙民が40パーセントであるのに対し、「好ましくない」と思う人が51パーセントもいた。なんと、「好ましくない」と答えた選挙民のほうが多かったのである。そして、このように「好ましくない」が「好ましい」を上回っている候補が、大統領選で勝ったことはない。

しかも、ヒラリー・クリントンを正直だと思っている人は、37パーセントしかいないのである。

第1章で述べた「真夏の異変」は、ヒラリーの「Likability」が早くも問われる格好になったともいえる。

民主党、共和党の泥仕合

今の大統領選挙にはネガティブ・キャンペーンがつきものだ。2016年の大統領選挙も、各党の予備選挙もまだスタートしていないのに、早くもネガティブ・アタックの火がついている。同じ党の予備選挙でも対立候補を激しく叩く。まるで、同士討ちである。

しかし、何といっても民主党と共和党の間は、ひどい。皮肉たっぷりで、正面切っての嫌みを撒《ま》き散らし、あちこちで炎が上がる。しかも、大統領選挙の2年も前から泥仕合が始まっているのだから、あきれるほかない。

なぜ、共和党と民主党はこんなに激しく争わなければならないのか——アメリカでこのような質問をしたら笑われてしまう。アメリカの選挙民は、彼らの価値観から、自由に自分に合っている政党を選ぶ。実は、民主党の歴史や共和党の歴史などどうでもよいのである。彼らにとっては、現実の生活、今の生活が問題なのである。だから、選挙の投票で最も関心のあるのは常に経済である。要するに全体の景気がよくて、自分の収入がよいかどうか、最終的にはみな、そこに関心があるということである。

大統領が経済を動かせる力は限られている。その中心は、財政政策である。不景気の時には大型国家予算を組んで公共事業を増やし、あぶれる労働者を雇用する。金融政策では、紙幣を印刷しまくる。

アメリカでは、中央銀行が独立している。しかし、行政府である財務省、ホワイトハウス、大統領の諮問機関である経済会議などと連携した政策を取る必要もある。しかし、一般の国民には理解が難しい。

たしかに、プライムレートを決める機能とパワーはものを言う。だが、アメリカのGDPの7割は、個人消費なのである。個人消費がどういう状態かで、アメリカ経済は決まってしまう。選挙民は、経済が悪ければ容赦なく大統領のせいにする。ほかに不満のやり場がないのである。しかしながら経済がよければ、今度は大統領が「自分のおかげ」だと宣伝し利用する。どっちもどっちなのである。

したがって、大統領選挙の時の景気が問題になる。経済の良し悪しで、どちらの政党の候補が勝つか、情勢が大きく変わってくる。そのため、たまたま景気が悪い時に再選を迎える大統領は苦戦を強いられることになる。

もちろん感情もある。アメリカ大統領選挙は、大統領選挙人を選ぶ間接選挙であるが、実質的にはほぼ直接選挙といってもよい仕組みだ。自分たちの一票が自分たちのリーダーを決めるのである。だから、彼らが家庭や学校、レストランやバーなどの社交の場で大統領選挙を話題にする。「あなたは、民主党支持か共和党支持か。誰に投票するのか」と、予備選挙の段階から、選挙民同士の会話があちこちで行われる。

一般的なアメリカ人はみな、自分の支持政党ぐらいは持っていて、それが普通であると筆者は言いたい。これが候補者に直接1票を投じ、リーダーを決める国の選挙民なのではないだろうか。自分の投票の重要性を理解し、だからこそ巷《ちまた》のバーで選挙民同士の激しい政治論争が展開されることになる。

筆者も、バーで何度もこのような議論に巻き込まれてきた。

面白いことに、筆者はマイノリティであるから、「あなたはリベラルではないのか」とか「民主党支持ではないのか」と面と向かって言われることがある。確かに、30代半ばまでは民主党支持であった。だが、ある日から、共和党支持にスイッチしたのであった。この「ある日」については、後で述べたい。

選挙民にとっての政党

日本人には意外に思えるかもしれないが、実は一般のアメリカ人に「共和党と民主党の違いは何か」と聞いても、きちんとした回答ができる人は思いのほか少ない。

たしかに、民主党はリベラル、共和党はコンサーバティブといわれる。しかし、このような説明は、あまり意味をなさないのではないかと思う。議会選挙でも、大統領選挙でも、まずは政党を選ぶのであるが、選挙民それぞれが親、育った環境、土地柄などから影響を受け、学んだことで支持政党を決める傾向が強い。

しかし、アメリカ社会で生きていると、なんとなく区別できるようになるから不思議である。それは、周りの人たちに大きな特徴があるからである。筆者の周りの人もそうである。

たとえば共和党支持者は、金持ち、または、金持ちを目指す人というイメージがあるが、周りの共和党支持者を見ると必ずしもそうでもないことがわかる。先日、電気工事の人がやってきたが、その人は、ブルーカラーであるが共和党支持であった。なぜかと聞くと、「我が家は伝統的に保守派であるから」だという。

一方、民主党支持者は貧乏人ということも適切ではない。友人のTさんは、銀行員で、年収100万ドルは下らないであろう。それでも民主党支持である。理由を聞くと、「共和党を支持するわけにはいかない。彼らの議会でのタカ派の発言は聞きたくない」と嫌悪の様子を示す。

筆者が身の回りを見渡す限り、確かに富の大小による分け方もできるが、いま見た一例からもわかるように、それだけで共和党支持者、民主党支持者を決めるのは無理があると思う。

ほかの理由の中でも、きわめて感情的な面がある。つまり、「リベラルは嫌だ」とか「タカ派には耐えられない」というような感情論によって、反対の民主党か共和党を選んでいるところがある。お互い、嫌い合っているのである。

共和党と民主党の違いは小さい

筆者が長年メンバーである、対照的な２つの団体を紹介したい。

まず、セオドア・ルーズベルト協会である。もちろん、第26代アメリカ大統領（共和党）の名前を冠している。在任期間は１９０１年から09年であった。歴代アメリカ大統領の中でも最も人気の高い大統領の一人で、この大統領の下でアメリカは大いに発展した。日露戦争を終わらせるための仲介を行い、ノーベル平和賞を受賞している。

筆者は、この協会の毎年の総会に出席する。ブラックタイの格式ばったパーティである。出席者は、ほとんどが典型的なアメリカのワスプ（ＷＡＳＰ＝White Anglo-Saxon Protestant）である。

総会のパーティの時、いくつもの丸形のテーブルがあり、用意された席に座る。パーティが始まると、アメリカ海軍の儀仗兵がアメリカ国旗を持って入場してくる。壇上に立つと、軍楽隊がアメリカ国歌を演奏する。みな手を胸に当て、国家に忠誠を誓う。出席者の中で日本人は、もちろん我が家だけである。いや、外国人は我が家だけであるといったほうがいいかもしれない。

次々とスピーチが行われ、同協会の活動を誇る。やがて、テーブルに着いた他の出席者との話になる。豪華な食事とワインを楽しみながら、話に入る。みな共和党支持者であることは間違いないだろう。

「なぜ、ルーズベルト協会に入ったのか」などと質問されたので、ちょうどいい機会だと思い、日露戦争とルーズベルト大統領の話をする。出席者のほとんどがその事実を知らず、興味を持って聞くのである。出席者は何となく堅いところがあるが、打ち解けるとフレンドリーになる。政治向きの話になると、共和党がベースなので勘ぐって話す必要がない。オバマ大統領についても気にせず批判できる。

その日、隣になった夫婦はテキサス州のダラスから来たという。夫人が「オバマ大統領は、任期が迫っているけれど、このままだと何も成し遂げられないで終わってしまうのでは？」と話を向けてくる。「最後に向かって、外交で何かを成し遂げるようにするでしょう」と筆者は答えた。

ＴＰＰの話を振ったが、何も知らなかった。実はＴＰＰのことを知っているアメリカ人は、少ない。これまで知っていたのは、ウォールストリートのインベストメント・バンカーくらいであった。

さて今度は、ルーズベルト協会とはまったく反対の思想的傾向を持つ、ニューヨーク・プレスクラブである。筆者は20年以上のメンバーだ。このクラブでのパーティや集まりでは、出席者はジャーナリストで、また、日本人は筆者だけである。ほとんどがリベラル、それも超リベラルである。ここではさすがにオバマ大統領の悪口は言えない。

戦争捕虜の本を書き続けている女性ジャーナリストのBさんがやってきて、「安倍首相は最近どうしていますか？」と聞いてくる。「集団的自衛権の法案を通そうとしています」と言うと、「困ったものですね」と言って、「あなたの意見はどうですか」と筆者に求めてくる。「日本人の50パーセント以上が審議不十分と答えています」と答えた。このBさんは、日本軍に捕らえられて拷問《ごうもん》を受けたアメリカ兵の事情に詳しい。

２０１４年の新春パーティの際のテーマは、真珠湾攻撃であった。次から次へとジャーナリストが前に進み出て、親が語った真珠湾攻撃の思い出話をする。日本人の残酷《ざんこく》さを話す。とてもその場にいることができず、途中で抜けだしてしまった。真珠湾攻撃と広島・長崎への原爆投下は、日米関係史上最悪の出来事だったとつくづく思う。

広島・長崎の原爆投下についての議論をまったく欠いて、真珠湾攻撃を忌《い》まわしく言うのは、筆者としてはやはりフェアではないと思うのである。しかし、真珠湾攻撃について卑怯者《ひきょうもの》呼ばわりされると、肩身が狭《せま》い。たとえフランクリン・ルーズベルト陰謀説を持ち出しても、話にならない。広島・長崎への原爆投下は、反論として効果がある時はある。

ついでに、実に面白いことがあったことをここで話しておきたい。セオドア・ルーズベルト協会に招かれ、原子力航空母艦「セオドア・ルーズベルト」に乗ったことがある。16時間もその原子力空母に乗り、艦長をはじめ、さまざまな人たちと話す機会を得た。日本人は、またしても我が家だけである。

甲板《かんぱん》で乗組員の兵士と話していたら、一人の男性、N氏が話に加わってきた。彼は、ベトナム戦争当時、輸送船団のキャプテンであった。N氏は、太平洋戦争はフランクリン・ルーズベルトの陰謀で、日本は無理やり戦争をさせられた、と言ったのであった。この発言に筆者は驚いた。このような話をするアメリカ人に会ったのは、2回しかない。N氏と、もう一人は、前述のウォールストリートのインベストメント・バンカーである。

さて、このように立場をまったく異にするグループのパーティに参加してきて、筆者は言いたい。共和党が金持ちに味方の党、民主党は貧しい人たちや中産階級の人たちの味方の党、というイメージは、長年、両党が争い、互いにレッテル貼りを繰り返して激しい選挙戦を戦ううちに、選挙民がそのようなイメージを持つようになったにすぎないのではないか、と。

それぞれの党の支持を続けていると、自然に同族意識が生まれ、心地好くなる。さらにアメリカは、あちこちで政治論議をする機会が多い。議論で負けたくないのは、誰でも同じである。そこに論争社会が反映される。民主党、共和党を選ばなくても、論争しているうちに、どちらかの立場を取らされてしまう。これは、好むと好まざるとにかかわらず、そうなってしまうのである。

筆者の調査方法が間違っているのかもしれないが、これといって、このような認識の違いを決定的にした歴史事実はないのである。

日本では、自民党は保守的で金持ちの味方、民主党は労働組合の影響が強く左寄り、というような見方が定着していることと同じなのではないだろうか。

このような思想的、政治的、経済的見方のほかに、宗教・倫理的価値観も加わる。中絶の問題、同性愛者の結婚などがその中心となるのであるが、筆者の見方としては、共和党と民主党の立候補者が自分の立場を表明し、他の候補との違いを示すことに使っているだけではないかと思う。言ってみれば、自分の差別化戦略である。中絶を認めること、同性愛者の結婚を認めることなどがどれだけアメリカ人たち個人の日常生活に影響するのか、ほとんど影響などないではないか、という選挙民も多くいるのである。

反面、民主党支持者からは、共和党支持者は貧乏人やマイノリティの人たちに冷たいと非難を受ける。これはデマゴーグだと筆者は思う。やはり、民主党立候補者の選挙に勝つための戦略にすぎないのではないかと思うのである。

要は、共和党候補を金持ちのための党の候補と決めつけ、レッテルを貼ることに成功すれば倒すことができるというだけである。アメリカ社会では、金持ち層の選挙民の数は限られているのだから。また、それでは貧困層の有権者を多く持つ民主党が勝つのが当たり前なのではないか、ということになるが、現実はそうではない。何といっても、貧困層の投票率は低いのだ。

カネがないから民主党支持?

次に面白い統計をお見せしよう。Roper Centerというリサーチ会社が、前回2012年の大統領選挙の投票分析をしたものである。この時は民主党のオバマが再選を果たし、共和党ロムニーが敗れた。表を見ると、民主党と共和党支持の構成が異なり、その特徴を実によく示している。

注目されるのは、収入別の投票率である。

5万ドル以下の層で、オバマは60パーセント、ロムニーは38パーセントで、低所得者層の投票が圧倒的にオバマに流れていることがわかる。なにしろオバマの獲得した票の6割は、収入5万

How Groups Voted in 2012

2012		Group	Obama《オバマ》	Romney《ロムニー》
All Voters		Pct.	51%	47%
SEX	Men	47	45	52
	Women	53	55	44
RACE	White	72	39	59
	African-American	13	93	6
	Hispanic	10	71	27
	Asian	3	73	26
	Other	2	58	38
AGE	18-29	19	60	37
	30-44	27	52	45
	45-64	38	47	51
	65 & over	16	44	56
INCOME (収入)	<$50,000	41	60	38
	$50,000-90,000	31	46	52
	$100,000 & over	28	44	54
UNION HOUSEHOLD	Yes	18	58	40
	No	82	49	48
EDUCATION	Some HS	3	64	35
	HS graduate	21	51	48
	Some college	29	49	48
	College graduate	29	47	51
	Postgraduate study	18	55	42
PARTY	Democratic	38	92	7
	Republican	32	6	93
	Independent	29	45	50
POLITICAL PHILOSOPHY	Liberal	25	86	11
	Moderate	41	56	41
	Conservative	35	17	82
MOST IMPORTANT ISSUES	Economy	59	47	51
	Budget deficit	15	32	66
	Foreign policy	5	56	33
	Health care	18	75	24

Sources:
"Exit polls 2012: How the vote has shifted." The Washington Post November 6, 2012. January 10, 2013 <http://www.washingtonpost.com/wp-srv/special/politics/2012-exit-polls/table.html>.
"Presidential Race - 2012 Election Center." CNN December 10, 2012. January 10, 2013 <http://www.cnn.com/election/2012/results/race/president>.

Notes:
Final exit poll results from interviews of randomly selected voters as they exited voting places across the country on Tuesday, November 6, 2012. Florida, North Carolina, Ohio and Wisconsin polls included telephone interviews with early voters.
The poll was conducted by Edison Media Research for the National Election Pool, The Washington Post and other media organizations. Typical characteristics have a margin of sampling error of plus or minus four percentage points. (http://www.ropercenter.uconn.edu)

ドル以下なのである。

民主党支持者は、一般に「リベラル」とか呼ばれるのが普通であるが、行きすぎると「レフティスト（左翼主義者）」とか、ひどい時には「コミュニスト（共産主義者）」と呼ばれるケースもある。

このようなアメリカのリベラル派の人たちを理解することは、非常に難しい。筆者の理解であるが、彼らは共和党を金持ちの政党と見るのであるが、その言葉とは裏腹に、彼らには自分が金持ちになりたいという欲求がある。「今は金がないから、民主党支持。しかし、金を手に入れられれば、共和党支持」へと動くのである。

つまり、事業に成功したり、会社で出世して金ができたりすると、少なくない人が共和党支持へ動くのである。

また、たしかに民主党支持者と共和党支持者の数は、全体数において、民主党支持者のほうが多い。しかし、いざ選挙となれば、支持政党を越えて投票する選挙民もいる。どちらの政党も支持しない中間層も多い。このように党派を越えて投票する層と中間層の選挙民は、浮動者層という扱いで、アメリカでは「Swing Voters」と呼ばれる。その場その場で支持政党を替える選挙民のことである。

この層は、日本ほど多くはないと筆者は思う。日本はこの浮動票が実に大きく、時に選挙の結果を動かす。アメリカの場合、自分の支持政党に対する忠誠心は、日本のそれより強いのではないかと筆者としては理解している。その時々の選挙で異なるため、浮動票に関するしっかりとした数字は見つけられなかった。

不利なレッテル貼り合戦

大統領選挙、いや、アメリカの選挙は、いかにして相手に不利なレッテルを貼ることができるかという戦いである。だから、選挙といえば、相手を攻撃するネガティブ・キャンペーンが溢《あふ》れるのである。

テレビ広告の頻度は、あきれ返るほどである。しかも、相手候補を犯罪人のように扱ったものまである。あまりにそのようなしつこい広告を続けると、視聴者が「Irritation（いらいらさせられてマイナス効果を生む）」レベルにまで達するのであるが、大統領選挙では、そうではないらしい。相手を徹底的にネガティブ・アタックすることに効き目があるという。

筆者もこの見方を支持する。いらいらレベルに達しても、脳の隅に、候補者の否定的認識は残る。ポジティブな認識より、否定的な認識で投票を決定するのだから、いかに選挙民が政治家に不信感を抱いているかわかる。ネガティブな面をより強い認識として有権者の意識に残し、焼きつければよいのである。

「有権者が投票所に行った時、どれだけネガティブなのかで投票を決めることが多い」と、クリントンのストラテジストから聞いたことがある。候補者が対立候補を否定せず、自分のポジティブなメッセージを前面に出しても、ネガティブな戦略には勝てないというのだ。

大統領選挙のキャンペーンは、きわめて戦略的、かつ戦術的であらねばならない。ゆえに「ネガティブ・キャンペーン」も戦略的、戦術的でなければならない。

大統領選候補の陣容

さて、大統領選挙を戦うにはそのための陣容が必要だ。これには一定のパターンがある。各候補に「ナショナル・キャンペーン・マネジャー」がつき、その人物をトップに、下に専門分野のスタッフとして「ストラテジスト（戦略を練る人）」「ポール・テーカー（世論調査をする人）」「コミュニケーション・マネジャー」「スピーチライター」「コンサルタント」などがいる。下部組織として、それぞれの州に同じような支部がある。

選挙スタッフで、何といっても大事なのは、ストラテジストとポール・テーカーである。ビル・クリントンが1992年に大統領選に立候補した時、筆者の友人がクリントンのポール・テーカーであった。そして、筆者もその仕事の手伝いを頼まれたのであった。その時の経験は今でも生きている。

あれは、ビルが民主党予備選挙に出て、勝利がほぼ固まったころのことだった。本選に臨むにあたり、戦略を練り直すため、社会調査を専門にしていた友人のリサーチ会社・K社がクリントン・チームに雇《やと》われたのである。本選に向けて、クリントン・チームは、常に激戦区となるペンシルベニア州を早い段階からてこ入れすることにしていた。そこでK社は、ペンシルベニア州の調査を行ったのであった。

定量調査は、二次データによる調査で十分だった。筆者が手伝ったのは、ペンシルベニア州の各選挙区での定性調査であった。その時、筆者は、同じ州でも選挙区によって選挙民の関心が異なることに気がついた。この広い国でこれだけ違うと、選挙に勝つことは容易ではない、とつくづく感じた。

ビルが遊説《ゆうぜい》に出かける都市の世論調査を直前に行い、その地域の選挙民がどんな事柄に、どれだけ興味があるかをまず見つけることが仕事だった。サンプル数は100。

それがわかると、ストラテジストが戦略を練り、コミュニケーション・スタッフが分析し、演説原稿をスピーチライターに用意させる。それが選挙本部のマネジャーに渡り、大統領候補に手渡されるのである。大統領候補はそれを見て、自分で手を加え、遊説都市に赴《おもむ》く。行きの飛行機の中で会議が行われ、その地域での演説の最終原稿がまとまる。

聴衆を集めるのは、地元の選挙事務所の責任である。聴衆をできるだけ多くするため、あらゆる手を使う。

各候補に大勢のストラテジスト、ポール・テーカー、コンサルタントがついている。彼らにはもちろん、選挙事務所から高い給料が出ている。選挙の職人であり、その道のプロである。自分の政治思想と価値観とは関係なく、自分たちを雇った政治家に忠実である。テレビ、マスメディアによく登場し、スポークスマンでもある。

テレビ選挙時代の幕を開けたといわれるジョン・F・ケネディ以降、最も頭が切れ、効果的だったストラテジストは、クリントン・キャンペーンのストラテジストであったジェームズ・カーヴィル、息子ブッシュのキャンペーン・チームのカール・ローブ、そして、オバマの右腕であるデヴィッド・アクセルロッドの3人であろう。またこの3人が、アメリカ大統領選挙を変えた。詳しくは、後の章で説明したい。

筆者の友人にも、共和党、民主党それぞれに元ストラテジストがいて、付き合いは長い。彼らに共通することは、人々の心理を正しく摑む目を持ち、即座に情勢を把握することに優れている。そして、データを基に的確な判断を下す能力がある。さすが「戦略家」である。

彼らの頭脳は実に敏感で、社会のトレンドや選挙民の心理を読み取ることに長《た》け、それらの的確な把握を行い、戦略と戦術をフォーミュレート（formulate）するのである。一度彼らの会議を見学したことがあるが、重点地域に対する新たな戦略や選挙民へ発信するメッセージに関して、鋭くクリエイティブな発言が若者スタッフから出されるや、その場で直《ただ》ちに戦略を立てていた。戦略ができると、素早く実施されていく。

ところが2008年の民主党予備選挙では、ヒラリー・クリントン陣営は自分のキャンペーン・スタッフに民主党の幹部の主だった人たちを入れていて、確かに民主党の本部を動かすことはできたが、選挙民を動かすことができなかった。そこには、優れた戦術家も戦う兵士もいなかったのである。

さらに、初期段階で圧倒的な強さを見せていた世論調査の結果に慢心し、戦略、戦術を十分練り上げなかったと思う。攻撃への防御の意識も不十分だった。そのため民主党予備選挙で、猛烈な勢いで直進してくるオバマ陣営を前に、為《な》す術《すべ》もなく敗れたのである。

大統領選挙は、人気だけでは勝てない。「選挙民の中に、ブーム的な人気」を作るか、「相手候補を徹底的に叩くネガティブ・キャンペーン」という醜《みにく》い戦略を取るか、どちらかの戦いになるのが現在の大統領選挙の傾向である。

前者は、オバマの戦略が代表的と思う。後者のネガティブ・キャンペーンは、父ブッシュの戦略がよい例である。これについても、別の章で詳しく述べることにしたい。

第5章　テレビ討論の時代

ＪＦＫとニクソン

アメリカ大統領選挙は、ジョン・Ｆ・ケネディの登場とともに変わった、といわれる。その見方に筆者も首肯《しゅこう》する。

１９６０年の大統領選挙では、共和党はリチャード・ニクソン副大統領、民主党はジョン・Ｆ・ケネディ上院議員の一騎打ちであった。筆者はまだあどけない少年であったが、ケネディ大統領のファンであった。１９７５年にアメリカに渡ってから、仕事でＪＦＫを調べ、書く仕事を与えられることになり、少年時代の記憶が一気に蘇ってきた。Asahi Evening News での経験からアメリカ大統領に関心を持つようになったと思っていたのだが、ＪＦＫが始まりであったのだ、と。


１９６０年9月26日、アメリカ大統領選挙では初めて、民主党と共和党の大統領候補者同士のテレビ討論が行われた。以来、現在にいたるまで、大統領選挙ではテレビ討論会が大きな役割を果たすようになった。このテレビ討論の登場こそ、アメリカの大統領選挙のキャンペーンのあり方を根底から大きく塗《ぬ》り替《か》えたものであり、その影響はきわめて大きい。

大統領選テレビ討論の走りとなったケネディとニクソンの討論を今、YouTube で視《み》ると、ケネディは若く、溌剌《はつらつ》として見え、相手のニクソンに比べてそのグッドルッキングぶりが目立つ。記録によるとケネディは、濃い色のスーツを着ていたため当時の白黒のテレビで目立ち、ニクソンは、薄い色のスーツを着ていて不利だったなどともいわれる。しかしこれは、アメリカの行きすぎた批評家たちが言うことで、些細《ささい》なことではないか、と筆者は思う。

筆者がこのテレビ討論会の模様を確かめた限り、２人の候補のしゃべり方のうまさを強く感じる。しっかりと話し、内容を表現している。お見事である。少しも古いと感じさせない。古いと感じさせるのは、会場のお粗末《そまつ》なセッティングである。中央に簡素な机、それを前に司会者が座り、両脇にＪＦＫとニクソンが座っている。そして、そばに演台が置いてあり、両者はしゃべる時わざわざそこまで足を運ぶ。

筆者が見る限り、両者の間で一点だけ違う点がある。ケネディのほうが、しゃべり方が落ち着いていて、リラックスしているのである。この違いは、視聴者にとっては大きく響く。筆者はある程度アメリカでスピーチを勉強したことがあるのでわかるのだが、リラックスしたしゃべりは聞きやすく、理解が深まるのである。さらに両者の視線を比べると、ケネディのほうが目を集中させている。ニクソンは目が動く。これは、視聴者への説得力に影響したと思う。

最終的に両候補の得票率はケネディの49・７パーセント対ニクソンの49・６パーセント、得票数の差はわずか12万票余、選挙人獲得数は３０３人対２１９人。史上最も僅差の勝利であった。

それまでの世論調査では、ニクソンが若干リードしていた。そして、このテレビ討論後の世論調査では、テレビを視た人はＪＦＫの勝利と判断し、ラジオを聴いていた人はニクソンの勝利と判断したという。もし、テレビ討論がなかったら、逆にニクソンの勝利だったのではないかと思う。決め手は、テレビカメラの前で、リラックスし、目を横に動かさなかったケネディの態度であったと思う。

テレビ討論の功罪

テレビ討論は、確かに選挙民に候補者を知ってもらい、投票を決めてもらう材料としてはたいへん役に立つ。だが、筆者が関心を持つのは、「テレビに映る容貌《ようぼう》」がどれだけ選挙民の投票に影響するかである。

最初のテレビ討論であるケネディ－ニクソンの対決の時に早くもこの論議が巻き起こり、それは現在でも変わらない。指摘した通り、ケネディは見栄えがする候補者であると同時に、歴代大統領随一の雄弁家でもあった。大統領の職を務めるに足る人物であったと思う。

単に「どれだけテレビ映りがいいか」だけで大統領が決まることは、あってはならないことである。極端なことを言えば、グッドルッキングな映画スターが政界入りし、大統領選に打って出れば、実力や経験が不十分でもいい線に到達する可能性がある。それはあってはならないが、可能性としては否定できない。テレビの功罪である。

1981年に大統領になったロナルド・レーガンは、ハリウッドで長い間、男優として活躍した人物である。テレビ討論では、抜群に目立つパフォーマンスであった。映画スターや舞台俳優は、自分がどのように振る舞うと、観客の目にどう映るかを知り尽くしている。また、台詞《せりふ》のトレーニングから、効果的なしゃべり方を知っている。レーガンは大統領候補としてよく見せる方法を知っていたのである。筆者もレーガンのその演技力に押し切られ、いっぺんにレーガンファンになり、共和党の支持メンバーとなったものである。

また、テレビのドラマや映画で活躍していたフレッド・トンプソンは、上院議員となり、2008年の共和党の大統領予備選挙に出馬した。筆者は、トンプソンが出演していたNBCテレビのドラマシリーズ「Law & Order」のファンで、彼が共和党の予備選挙に出馬した時、ぜひ勝って欲しいと思ったものである。そのドラマでの検事役の演技が実にすばらしかった。そのイメージにまんまとごまかされたのであった。

その一方で、実力があって評判の高い候補者でありながら、見栄えがせず、容姿でアピールできなかった候補もたくさんいた。当人の名誉のために誰とは言わない。

バイアスがかかるテレビ討論

ＪＦＫの登場以来、テレビ映りとその討論の仕方が大きく大統領選挙に影響するようになったことで、候補者はその道の専門家を雇い、テレビ討論会が開かれる前に、司会者からのさまざまな質問に答えるための原稿を用意し、内容はもちろんのこと、しゃべり方、身振り手振り、表情まで綿密に訓練を受け、リハーサルを行うようになった。民主党、共和党両候補とも抜かりがない。

実際に観衆をつけ、模擬テレビ討論会もやる。

今日、大統領選挙のテレビ討論会で見る候補者の姿は、普段の本人ではない。

そのフレンドリーな作り笑い、カメラ目線、俳優のように舞台を動き回る様、ポージング、まるで自己がカリスマであるかのように聴衆に語りかける姿は、一歩引いて見れば滑稽《こっけい》にも思える。しかし、視聴者との間に隙間を作っては元も子もない。勝つためには何でもやる。なにしろ世界最強のポジションであるアメリカ大統領の椅子がかかっているのである。

現在では、大統領選挙本選のテレビ討論は2回か3回開かれるが、討論が終わると必ずクイックリサーチが行われ、「どちらが勝ったか?」が数字で示される。

それぞれのテレビ局の調査はまちまちで、サンプルの捉え方によって結果も変わる。サンプルは、200〜300程度で、民主党支持者、共和党支持者、無党派、年齢、性別、地域別などに分けるのであるが、これで勝ち負けの定量的判断を下すことは、アメリカのような広い国では不可能である。しかし、テレビ局はそれを匂《にお》わせる。いや、そう断言するような発言の仕方をする解説者もいる。

また、大統領候補のテレビ討論会は、いくつものテレビ局が特別番組を組んで中継することになる。それぞれのテレビ局のスタンスによって、保守系、リベラル系のバイアスがかかる。だから、テレビ討論のリサーチ結果はテレビ局によって異なる。

一番大きな影響を与えるのは、何といっても24時間ニュースと、ゲストが出演して激しい議論を交わすケーブルテレビ局である。

民主党を支持するケーブルテレビ局のニュースチャネルは、MSNBCとCNNである。そして、いまだにニュースだけは定評のあるCBS、NBC、ABCの3大ネットワークである。つまり、5つのテレビ局はリベラルなのである。

はっきり言うと、現在は、ニュース専門のケーブルテレビ局の討論中継が面白く、CBS、NBC、ABCよりは魅力があると筆者は思う。

これを迎え撃つのは、ニュース専門放送局であるFOXニュースチャネルしかない。メディア王ルパート・マードックがオーナーである会社である。この局が唯一保守系であり、共和党を支えている。しかし、何とFOXニュースチャネルの視聴率は、MSNBCとCNNを合わせたよりも高いのである。

筆者もFOXニュースを見るが、最初は抵抗があった。あまりにもバイアスがかかっているのである。リベラルを徹底的にやっつけ、まるで諸悪の根源であるかのように扱う。そして出演する女性は、ほとんどが美人でスタイルがよい。その姿に政治記者、評論家などという感じはまったくないが、話しだすと見事なインテリジェンスを持ち合わせていることがわかる。ハーバード大学などアイビーリーグ（IVY League）の出身者が多いのである。

それに比べ、CNNの女性アナウンサーはもう少し、見栄え良くできないかと思うくらいである。「不快に感じる」とまで言う友人もいる。これでは、視聴率は稼げないであろう。

ナンセンスなテレビ討論

また、日本では「客観的な報道」という言葉が金科玉条《きんかぎょくじょう》のごとく使われるところがあるようだが、アメリカのテレビ局が客観性を出そうとしてもそれは無理というものである。アメリカの視聴者が求めているのは、はっきりと自分の主張に合う見方をするテレビ局である。最初からどのチャネルを視るか決まっている。そして興味があるのは、大胆な予測である。これを無視すると、テレビ局の視聴率は上がらない。大胆な分析と予測こそ、生き残りをかけたテレビ局の「勝負どころ」なのである。

だからこそ、テレビ局によって調査結果が大きく異なることになる。大統領選挙をウォッチする際は、こうしたテレビ局側の背景についても知っておいたほうがよい。

このようにしてテレビ局は、テレビ討論のサンプルを使い、スタジオに選挙民を集め、フォーカスグループ調査を行う。いわゆる定性調査である。これらのデータを基に、テレビ局は「ノックアウト・パンチ」などという表現を使い、どちらかを勝者、敗者にする傾向がある。このような結果が選挙民の投票に影響を与えることは必至である。

こんなやり方はまったくナンセンスだ、と筆者は思う。いまやテレビ討論会は、歌やダンスのコンテストと同じだと思う。全国レベルで選ばれたテレビ局のサンプルの回答者は、候補者が出演し、リハーサルされた演技を評価するのである。

それでも筆者は、だからテレビ討論は余計なことだ、とは思わない。少なくとも、その候補者の「雰囲気」は伝わってくる。つまり、いくら演技で装《よそお》うとしても、候補者がまじめで正直な人か、大統領としての風格があるかなどは伝わってくる。

選挙リサーチの正確さ

アメリカは、国土は日本の24倍、人口は３倍弱であるが、大統領選挙の予測の精度がきわめて高い。それがなぜか、筆者は不思議に思っている。２０００年の大統領選挙は、ブッシュとゴアの間で争われ、選挙速報でフロリダ州でのゴアの勝利がテレビで放送されたが、すぐその後でひっくり返った。ブッシュ陣営から「まだ、ブッシュが有利な地域の投票が数えられていない」とのクレームがあり、テレビ局が慌てたことがあった。その結果は、裁判まで進み、結局はブッシュの勝利となった。

この時以外、最近のアメリカの選挙リサーチの正確さに感心する。その理由は、まず、アメリカが二大政党の国で、選挙民の党支持が明確であることがあげられると思う。細かな選挙区の票の動きがよく把握されている。また、アメリカ人には、日本のような「判官びいき」のような心情的価値観はないと思われる。だから、投票日間近になり、世論調査に反抗し、選挙予想がひっくり返る例はないといっても過言ではないだろう。

１９４８年の大統領選挙は、アメリカ史上最大の番狂わせが起こった選挙であった。あらゆる予測が現職大統領で民主党のハリー・S・トルーマンの敗北を示唆《しさ》していた。しかしトルーマンは、民主党が３つに分裂するのを克服して勝利した。トルーマンの驚くべき勝利によって、民主党は大統領選挙で5回続けて勝利した。しかしこれは、世論調査技術がまだこんにちのように発達していない時代の出来事である。

日本のように政党が乱立している場合、特に中間層の票の流れの予測が難しいと思う。

第6章　ストラテジストとネガティブ・キャンペーン

3人のストラテジスト

さて、最も頭が切れ、効果的だった「ストラテジスト」が3人いる。

ビル・クリントン・キャンペーンのストラテジストであったジェームズ・カーヴィル、息子ブッシュのキャンペーン・チームのストラテジストであったカール・ローブ、そして、オバマのストラテジストで、右腕でもあるデヴィッド・アクセルロッドである。

戦後のベビーブーマー最初の大統領はビル・クリントンであるが、彼の登場で大統領選挙が変わったのではないか。かつて、JFKの登場でテレビの時代に突入したように、新しいムーブメントが起きた。この40年間大統領選挙を見てきて、筆者は思うのである。

原因は、今挙げた3人に代表されるようなストラテジストたちの登場にある。

なぜそう考えるのか。それに答えるためには、父ジョージ・H・W・ブッシュが最初に勝利を収めた1988年の大統領選挙について触れなければならないだろう。

父ブッシュの戦略的デマゴーグ

1988年の大統領選挙は、共和党候補が父ブッシュ、民主党候補がマイケル・デュカキス(マサチューセッツ州知事)であった。JFK以来、この父ブッシュほどネガティブで汚い大統領選挙を行った大統領選候補はいないであろう。

ブッシュ副大統領の戦い方は、アメリカの大統領選挙の意義、国際的価値を落としたと思う。筆者は憤《いきどお》りを感じ、ブッシュのキャンペーン・チームに手紙を出したことがある。そこまで汚い戦術であった。

「私のような日本人があなたのキャンペーンを見ています。いや、世界が見ています。あなたの肩にはアメリカの信用がかかっています。あなたのキャンペーンはあまりにもアメリカの文化、伝統、倫理、正義に反しています。そしてあなたは、現職の副大統領です。もっと威厳を持ち、アメリカの民主主義の信条を行動で示さなければならないのではないですか?」

返事が来たが、入っていたのはブッシュ・キャンペーンの宣伝物であった。

ブッシュは同じ共和党の予備選挙でも汚かった。対立候補だったボブ・ドール上院議員が脱税の常習犯だと、予備選挙で嘘《うそ》をでっち上げた。ドールは傷つき、ブッシュに「嘘はやめてほしい」と憤然として抗議したことを筆者は覚えている。ドールは紳士で、共和党でも人望が厚かった。夫人も上院議員で、夫婦そろって品格溢れるアメリカの格調高い政治家であった。ブッシュは、その夫婦をネガティブ・アタックで容赦なく叩いた。

ブッシュの汚い手口は、民主党のデュカキスとの本選でも同じだった。

ブッシュ陣営は、こんなテレビコマーシャルを流した。全くのデマゴーグである。

「ブッシュは死刑制度を支持している。

デュカキスは死刑制度に反対している。マサチューセッツ州では、殺人犯の一時帰休が認められている。

ウィリー・ホートンは、強盗に入り、少年を19回も刺して殺した。

終身刑を受けたホートンは、10回もの一時帰休を認められ、その最中に逃亡し、若いカップルをさらった。男性は殺され、女性は繰り返し強姦《ごうかん》された。

殺人犯の一時帰休。これがデュカキスの政策である」

このインパクトの強いテレビ広告は、デュカキスに重大な打撃を与えた。

同じメッセージで、別の広告もあった。場面は、刑務所の出入り口である。回転ドアを通って、囚人たちが続々と入ってくる。反対側からは、囚人たちが続々と外に出ていく。そこに、「デュカキスがマサチューセッツでやったことを、国政で繰り返させてはいけない」というナレーションが入るのである。

デュカキスは、知事として、「マサチューセッツの奇跡」といわれるほどの偉業を成《な》し遂《と》げた人物である。社会福祉の充実、経済の発展などその成果は素晴らしかった。そんなデュカキスに対し、ブッシュは、レーガン政権の副大統領として、自分の実績として誇るべきものがなかったのである。

先にも触れたように、大統領選挙では、現職の副大統領は勝てない、というジンクスがある。その主な理由は、副大統領には「活躍する場」がないからである。おとなしく、副大統領執務室で黙っていればよいのである。だからブッシュは、大統領選挙では汚い手、というより、禁じ手と思える手法を使ったのである。

しかも事実は、まったく異なっていた。殺人犯の一時帰休制度は、デュカキスの前の知事であるフランク・サージェントが始めたものであり、しかもサージェントは、リベラル派ながら共和党だった。デュカキスはそれを継承したにすぎなかった。

しかし、デュカキス陣営がこうした反論を行ったのは、テレビコマーシャルが流されてから1ヵ月半も経ってからだった。時すでに遅し、であった。

さらにブッシュは、マサチューセッツ州の海が汚染されていることを攻撃した。この時も、マサチューセッツ州のその海原を背景に大演説を行ったのであった。だがこれも、ブッシュの選挙区のテキサス州の海のほうがもっと汚れていた。しかし、この事実を挙げ、デュカキスが抗議したのは、やはり1ヵ月半も経ってからだった。

この選挙では、筆者は共和党支持でありながら、デュカキスを支持した。だが、この人は怠け者で話にならなかった。大統領選が激しくなっているにもかかわらず、音楽のコンサートに出かけるのである。筆者は、この時のニュースをよく覚えている。教養が高すぎ、けっして無理をしない典型的な「マサチューセッツ・リベラル」で、激しい選挙活動をする人ではなかったのである。

少なくとも筆者の知る限り、ブッシュ対デュカキスの対決は、最も悪趣味な大統領選挙だった。アメリカの大統領選挙として恥《は》ずかしい限りではないかと思う。

このような汚い勝ち方をすると、次の選挙、つまり、大統領が再選を迎えた時は最悪となる。

第一次湾岸戦争

新大統領となった父ブッシュは、何をしたか。イラクのサダム・フセインと戦争を始めたのである。

1990年8月2日、イラク軍は隣国クウェートへの侵攻を開始し、8月8日にはクウェート併合を発表した。これをきっかけとし、第一次湾岸戦争が始まった。

国際連合安全保障理事会はイラクへの即時撤退を求めた。しかし、フセインは引かず、安保理は11月29日に武力行使を容認する決議を可決した。

国連に認可されたブッシュのアメリカをはじめとする多国籍軍は、イラクへの侵略を開始した。

この戦争は多国籍軍の勝利で、テレビニュースの解説者が真っ先に「No matter what, it is imminent for President Bush to win reelection.（いかなることが起こっても、ブッシュ大統領の再選は確実）」と言っていたことを思い出す。ブッシュはおそらく、有頂天《うちょうてん》になっていたであろう。

しかし、経済への貢献《こうけん》は起こらなかった。戦後の景気停滞は終わらず、経済成長は鈍《にぶ》く、財政赤字の増大、高い失業率、加えてロスアンゼルスの暴動も起こり、大統領再選をめざす父ブッシュは、窮地《きゅうち》に立たされた。

ペローというひっかき回し屋

そんな中、1992年の大統領選挙において、EDSというITベンチャー企業を起こして大成功しているビジネスマンであったロス・ペローが立候補したのであった。

2016年大統領選挙におけるドナルド・トランプの立候補と類似性があるので、触れておきたい。

筆者はこの時のことをよく覚えている。ペローはフリーに行動し、「民主党と共和党の二大政党の下では、選挙民の意思は反映されない。第三の勢力が必要で、二大政党の候補と同時に、第三者の候補を選べる機会が与えられるべきだ」と主張した。二大政党時代に対する挑戦でもあった。

このペローの登場はアメリカ中を騒がせた。一時は、世論調査でペローがトップに立ったこともあった。それほどまでに、当時のアメリカ社会は問題を抱えていたのであった。まるで、今のトランプのような存在だった。

ペローは、国家の経済政策を会社経営にたとえ、あちこちで得意の弁舌をふるったのであった。筆者も当時、ビジネスパートナーとペローのキャンペーン事務所を訪ねたことがあった。ニューヨークの本部は、若い人たちの熱気で溢れていた。「これは、ブッシュの票がだいぶ食われるな」と思った。

その当時、筆者もペロー支持に傾いていた。

民主党と共和党による大統領職のキャッチボールに飽きがきていたのであった。両党のマンネリ化した対決はひどかった。ブッシュ政権下のアメリカには、何の活気も感じられなかった。

しかし、ペローは「変化」としてはいいのだが、「大統領」にふさわしいかとなると大きな疑問があった。行政府のトップとして、立法機関である議会とやっていけるのか、また、外交政策を打ち立て実施できるのか、という資質上の疑問があった。はたして国家を、企業を経営するように治められるものなのか。国家を治めるには、利益の追求だけではいけないはずであった。

ビル・クリントン登場

民主党の候補は、ビル・クリントンであった。クリントンはアーカンソー州知事であったが、大統領選挙を戦う政治家としては、当時まったく無名の政治家であった。また、戦後のベビーブーマーとして初めての大統領選挙出馬でもあった。

筆者はビル・クリントンと同じ世代であった。クリントンはイェール大学ロースクールの出身で、筆者には同じイェール大学ロースクールでクリントンをよく知る人と親しくしていた友人がいた。

その人は、クリントンのことを「非常に頭の切れる人だ。よい大統領になるだろう」と言っていたという。そして偶然にも、その友人の夫人がヒラリー・クリントンをよく知っていたのである。ビルとヒラリーの特徴は、ともに頭がよく、アグレッシブでリーダーシップに優れているということであった。

筆者は、ビル・クリントンの国政レベルでの統治能力、国際舞台における競争能力に大きな不安を持っていたが、この言葉を聞いて、不安は解消されたのであった。

クリントン陣営には、2人の選挙スタッフがいた。一人は、ストラテジストのジェームズ・カーヴィル、もう一人は、報道官のジョージ・ステファノポリスである。2人とも、新鮮で頭の切れる現代的な人たちであった。アメリカの才能ある若者が、クリントンの下に結集したのであった。

カーヴィルは、世の中の風潮を読めるシャープな男であった。この大統領選挙は、経済のプレゼンテーションがすべてを決める、と読んだ。そして、「It's the economy, stupid.(経済こそが重要なのだ、愚《おろ》か者)」という単純で、誰にでもわかるキャッチフレーズを生みだした。当時、問題を簡単に表す実に効果的なメッセージだと筆者は思った。

おそらく、大統領選挙史上もっとも単純で力強いメッセージの一つであろう。大統領選挙には、できるだけ単純なメッセージを創りだし、それを繰り返し、繰り返し、さまざまなメディアを通して論じることが重要である。

無名のビル・クリントンを大統領にしたこのカーヴィルの考え方こそ、「政治ナラティブ(Political narrative)」といえるのではないか、と筆者は思うのである。

「政治ナラティブ」について、筆者は、ニューヨーク・タイムズの女性コラムニストであるモーリーン・ダウドから学んだ。ダウドは、筆者の古い「メール友達」である。

これは、その時の社会情勢、生きている人間の意識、思想、文化を表す言葉によるストーリーのことで、こうした「物語の力」こそ、選挙において人々の心を捉え、動かす大きな力を持つ。だから選挙に勝つために、これからは「政治ナラティブ」がなくてはならない、ということであった。

カーヴィルは、世相を捉え、言葉を生みだし、選挙戦略を立てるのが得意であった。カーヴィルがこのようなことを大統領選挙に取り入れ、戦略を策定して実施しなければ、アメリカの大統領選挙は父ブッシュ以来の「ネガティブな方向」に流れ、実のないものになってしまったであろうと、筆者は思う。

カーヴィルの戦略目標はほかにもあった。それは、旧態依然《きゅうたいいぜん》としたワシントンの政治家たちに見切りをつけ、変化を訴えること。そして、アメリカ人が高い医療費に苦しんでいたので、医療保険制度改革を訴えることであった。

この2つの戦略目標は、経済政策と相俟《あいま》って、まさに的確なストラテジーだった。この医療保険制度こそ、のちにヒラリー・クリントンを動かし、オバマを動かしたのである。

また、これらのメッセージをうまくメディアに流したスポークスマンが、ジョージ・ステファノポリスである。クリントン・キャンペーン・チームでこの男が記者会見に臨むと、その若さからくる新鮮さが辺りに溢れた。そして、「ヤング・クリントン」——フレッシュな大統領候補というイメージが作られていったのである。

ブッシュの致命的ミステイク

ブッシュ、クリントン、ペローの3候補によるテレビ討論が開始された。筆者は、緊張しながらどんな展開になるか見守っていた。

ブッシュは、それまでのみずからの政策を弁護し、多少の新しい政策を述べた。いかにも討論がやりにくそうであった。経済が悪いからである。しかし、それを意識したら終わりである。

司会者の質問に答えるが、いっこうに冴えない。しゃべり方にも自信がない。要するに、討論会に乗らないのである。しかし経済状態を考えれば、ブッシュが最初から勝てない、と思っていたとしても理解できることであった。

クリントンとペローは、ブッシュの経済政策を批判する。1対2の討論は、ブッシュにとって完全に不利なシチュエーションである。なにしろ、反対の立場を取る2人の対立候補を同時に相手にしなければならないのである。ブッシュは、最初から元気がなかった。

会場からの質問を取り、回答するセッションになった。一人の女性が立った。ブッシュに聞いた。「私は、大学を卒業したが、いくら就職活動をしても、仕事がない。どうしたらよいのか」というような質問であった。ブッシュは回答に詰まった。体をねじらせ、回答しようとするが、よい表現が出てこない。

同じ質問は、ペローとクリントンにも注《そそ》がれる。2人とも準備万端。自信を持って答える。ここで、信じられないことが起こった。ブッシュは、自分の高級な腕時計をチェックし始めたのである。「あと何分、この討論会は続くのかな」というジェスチャーと受け取れた。要するに試合を投げたのである。この場面をテレビカメラは、容赦なく映しだした。ブッシュの致命的な失敗であった。翌日の新聞にも、この写真は大きく掲載された。

ブッシュに対する風当たりは強かった。それもそのはずである。前回の大統領選挙で、相手方のマイケル・デュカキス候補にあれだけネガティブ・アタックをし、汚い手を使ったのだ。選挙民には、ブッシュは「Mean（意地悪）」だというイメージが焼きついていたのである。

大統領選挙では、このMeanという単語がよく使われる。選挙手法にこの単語が使われる時は、よく受け入れられていないと受け止めてもいい。

選挙民の票は、クリントンに流れた。ペローは独立派の票を取るとともに、共和党の票を奪った。ブッシュは伸びず、勝者はビル・クリントンとなった。

選挙の天才

筆者は当時、クリントン大統領を「選挙の天才」と呼んだ。クリントンは、経済など自分に都合のよいことを手柄にすることが得意であった。経済の良し悪しは、別に大統領が大きく関係しているわけではない。だが、そう思わせてしまうほど弁が立った。

また、要領のよい大統領であった。議会の上院、下院ともに共和党に握られたが、妥協を通し、共和党議会と協調した。時には、結果的に共和党寄りとなって、民主党のリベラル派の反感を買うこともあった。

経済の幸運に恵まれ、クリントンは1996年、共和党の指名候補のボブ・ドール上院議員と再選をかけて戦った。

クリントンは難なく再選され2期目に入ったが、どの大統領も2期目は芳《かんば》しくないものだ。財政を黒字転換したクリントンは、愚かなことをやってしまった。ホワイトハウス研修生であった女性、モニカ・ルインスキーとセックス・スキャンダルを起こしてしまったのである。大統領として恥じるべき事件であった。

アメリカ中が沸いた。連邦議会でも大問題となり、公聴会が連日開かれた。とうとう弾劾《だんがい》裁判となり、下院では成立したのであったが、上院では否決された。辛うじて弾劾は避けられたのであった。

息子ブッシュ vs. アル・ゴア

2000年の大統領選挙は、現職副大統領のアル・ゴアと、息子ジョージ・W・ブッシュ（テキサス州知事）との間で争われた。この選挙ほど、後味の悪い大統領選挙はないと思う。

大統領選挙の投票が行われると、その日の夜、ニュースメディアは、華やかに開票速報特別番組を組んで放送する。出口調査の結果も交え、次々と各州を勝敗に応じ、青い州（民主党のカラー）と、赤い州（共和党のカラー）に分けていく。接戦であった。開票が進み、フロリダ州が決戦場として浮かび上がってきた。

フロリダ州はまさに激戦区である。同州の地域の住民によって、民主党が強い地域、共和党が強い地域がある。途中まで開票が進んだ時、ほとんどのメディアがフロリダ州でゴアが勝利したと伝え、「新しい大統領が誕生した」とアナウンスしたテレビ局もあった。

だが、ブッシュ側が抗議した。「我々の強い地区の開票が行われていない。早計だ」というのであった。

２０００年11月8日、フロリダ州の選挙局は、ブッシュが投票の48・8パーセントを得ており、１７８４票の差で勝っていると報告した。この票差は投票数の０・５パーセント未満であったので、州法で定められている機械による自動的な票の数え直しが行われた。11月10日、機械による数え直しが一つの郡を除き完了した時点で、ブッシュのゴアに対する票差は３２７票にまで減っていた。

アメリカ国内は大騒ぎとなった。このケースは、州最高裁、連邦最高裁まで持ち込まれ、最終的にはブッシュの勝利となった。息子ブッシュは、アメリカ史上で珍しい「裁判で大統領になった」人なのである。

「Architect」カール・ローブ

ブッシュの選挙ストラテジストは、テキサス州知事選時代から3人いる。その第一人者は、何といっても、カール・ローブである。2000年と2004年の大統領選挙でブッシュに勝利をもたらした人である。ブッシュは、ローブを「Architect（建築家）」と呼んだ。戦略を立て攻撃の形を作るからである。

カール・ローブは、子供の時から政治好きだったといわれている。高校時代には、ユタ州のティーンエイジ共和党の会長になっている。その後、ユタ大学に進んだが中退し、政治の道を歩んだ。1972年には、ニクソンの大統領選挙チームの一員として活躍した。

1973年、ハーバード・ビジネススクールの学生だったブッシュが実家に帰った際、ローブと初めて会ったという。ローブは、その時のブッシュのことを「カリスマを持ったほら吹き屋で、カウボーイブーツを履《は》き、飛行服を着て、素晴らしい笑みを浮かべていた」と語っている。

こうしてローブは、自分が仕える無類の政治家を見つけたのである。その後、共和党の議会選挙候補を助け、2004年には、41候補のストラテジストとして活動し、実に34人に勝利をもたらしたという。

ブッシュがゴアに勝ち、大統領としてホワイトハウスに入ると、ブッシュは、ローブをシニアアドバイザーに任命した。

2004年、ブッシュは再選をめざし、民主党のジョン・ケリー上院議員と争った。当時ブッシュには、アルカイダによる同時多発テロ、イラク進攻という重荷があった。

さて、軍師カール・ローブの戦略はどうだったのか？

ローブは、焦点を徹底的に安全保障問題に合わせた。ブッシュを「Decider（決定者）」と呼び、ケリーを「フリップ・フロッパー（ちょこちょこと意見を変える人）」と決めつけた。そして、ブッシュはテロリストに対して厳しく、ケリーはまったく逆であることを主張し、ケリーを「マサチューーセッツ・リベラル」と呼んだ。父ブッシュがデュカキスに対して行ったようなネガティブ・アタックであった。

筆者は、こうしたブッシュ家の戦い方を好まない。しかし、それこそがカール・ローブのやり方なのである。鋭い批判、それもデマゴーグに基づく扇動で選挙民を真っ二つに割る。そして徹底的に敵を叩く。激しい選挙戦を演じるのである。

選挙戦後半で接戦が確実になった時、ブッシュに味方する旧軍人のグループにより、ケリーのベトナム戦争従軍中の不名誉な出来事に関するテレビ広告がなされた。明らかにただの中傷で、実に品のない内容であった。ケリーは、ブッシュ大統領がこれを黙認しているとして激しく批判した。

先に大統領選挙の仕組みのところでも紹介したように、選挙では、ある候補に味方する人々がみずからグループを組織し、候補者と無関係に勝手な広告を流すことが許されている。

ケリーは、ベトナム戦争中に海軍を志願し、小型哨戒艇《しょうかいてい》の艇長として5つの勲章を受章した。ところが小型哨戒艇の乗員の一部らが「真実を求める小型哨戒艇退役軍人の会」を結成し、テキサス州の共和党系業者の出資を受けて、ケリーの勲章受章のもとになった戦功報告にウソがあったなどと批判するテレビ広告の放映を開始したのであった。

ケリーは演説で、同団体を「ブッシュの選挙運動の最前線だ。ブッシュは彼らに汚い仕事をさせたがっている」と激しく非難した。筆者は、ブッシュ陣営の仕掛けた広告と、それに対するケリーの反論をよく覚えている。ケリーは、ベトナム戦争中の自分の兵役について論争したければ「かかってこい」と激しく述べた。ブッシュの味方をする退役軍人団体を「卑怯者」と思ったのである。ケリーの怒りはよくわかった。

ケリー陣営も対抗して、ケリーのベトナム戦争中の戦功を訴える広告を流し始めた。

また、これに先立って、ケリーを支持する民主党系団体「ムーブ・オン」の政治活動委員会も、「ジョージ・ブッシュは州兵になるために父親を利用した。今は、志願してベトナムに行って英雄的に働いたジョン・ケリーを攻撃する誤《あやま》った広告を許している」との広告を放映しだした。息子ブッシュがベトナム戦争徴兵を逃れるために父親のコネでテキサス州兵になったのではないかとの疑惑を再燃させるなど、ベトナム戦争の軍歴をめぐるネガティブ・キャンペーンを開始したのである。

ブッシュ陣営は、さらに激しいテレビ広告を流した。ケリーは国家に対する裏切り者だというネガティブ・キャンペーンである。この勝負は、ブッシュ側に分《ぶ》があった。なぜならケリーは、ベトナム戦争の反戦運動をやったからである。

1971年4月23日、ケリーは他の退役軍人とともにワシントンの議会ビルで抗議の意味を込めてメダルとリボンを投げつけた。このデモンストレーションは、退役軍人がベトナム戦争を不正なものであると考えていることを示すために行われた。ブッシュ陣営がこれを見逃すはずはなかった。

このようなことが大統領選挙にいかに大きく影響するか、当時、筆者は驚くばかりであった。そして、ストラテジスト、カール・ローブの恐ろしさを知ったのであった。

筆者は、ブッシュとケリーのテレビ討論を思い出す。ちょうどサンフランシスコに出張していて、ホテルの特別客のラウンジで、テレビをほかの客と一緒に見ていた。討論は、内容的にはケリーが優勢であった。そして、サンフランシスコはリベラルの都市である。圧倒的に民主党支持が多い。

筆者と友人は一緒に見ていたが、その場の人たちはほぼ全員、ケリーの優勢を疑わなかった。しかし、テレビ討論の後の世論調査では、ブッシュが勝っていたのである。

筆者はわが目を疑ったが、選挙は勢いである。勢いを得たほうが押し切る強さを持っていることがわかる。

イラク戦争にいくら反対していても、そのような国難の時、戦争に批判的になるようだと支持を得るのは難しくなるであろう。イラク戦争は、ベトナム戦争の末期のように泥沼に陥ってはいなかった。ブッシュにまだ勢いもあり、9・11の同時多発テロを記憶している選挙民は、まだイラク戦争をそこまで強く批判していなかった。

そんな中、ブッシュ陣営が使った外部団体のケリー攻撃は、ケリーにとって大きな打撃となった。カール・ローブの企《くわだ》てた見事な作戦であったと思う。

こうして激しいネガティブ・キャンペーン合戦は、僅差でブッシュの勝利となった。

カール・ローブもさることながら、ブッシュ王朝の力に驚いた。凄まじい考え方、価値観、哲学だと思う。アメリカの大統領になるためにはいかなる手段も用いる。ブッシュの祖父のプレスコット・ブッシュは、ロシア、中東、ヨーロッパなど国を問わず、世界のどこでもビジネスをやる人であった。オイルを中心としたエネルギービジネスで、莫大な利益を上げたのであった。

ブッシュ親子とネガティブ選挙

アメリカ大統領選挙は、ブッシュ親子二代の登場で、ネガティブで暗いものになっていった。民主主義国家・アメリカのリーダーを決める選挙が、これだけレベルの低いものであることがわかり、筆者の失望は大きかった。同時に、それに慣れてくるとともに、候補者同士の「私闘」ともいえるような戦いぶりに、テレビドラマのような面白さも感じてくるのは不思議であった。

しかしこれは、「朱《しゅ》に交われば赤くなる」ということであって、アメリカのこのような大統領選挙の戦い方にすっかり染まってしまわないように心掛けたいとも思う。

さて、「不必要な戦争」「ブッシュ親子の私闘」とも批判されたイラク戦争である。息子ブッシュは盛んに勝利を宣言したが、解決の糸口もないまま、２００８年の大統領選挙の季節が巡ってきた。ブッシュの末期の支持率は27パーセントまで落ち、おそらくこれほど低い支持率になった大統領は過去にいないであろう。

だから、筆者としては当時、大統領選挙では共和党は誰が候補になろうと、ブッシュのイラク戦争は弁護できず、実質的に民主党のヒラリー・クリントン候補の独擅場《どくせんじょう》となるのではないかと考えていた。そして、初の女性大統領がアメリカに出現するのではないか、と考えたのであった。

ところが、思わぬ伏兵《ふくへい》が現れた。

その人物こそ、バラク・オバマ（上院議員）であった。しかも、黒人である。

民主党の予備選挙では、ヒラリーが出馬を発表して以来、大きなリードを保っていた。最初のテレビ討論を見たが、ヒラリーは他の男性候補に比べて輝いており、断然優勢に見えた。しかし突然、オバマが輝きだしたのである。ヒラリーが長年ワシントン政治の真っ只中《まただなか》にあったことが、やはり影響を与え始めたのであった。

ブッシュのイラク戦争をはじめ、ワシントンの古い政治家たちに対する選挙民の不満は極点に達していた。また、論争ばかりで何も決められないワシントンに、選挙民は苛立《いらだ》っていた。オバマも上院議員として同じくワシントンの一員であったが、まだ一年生議員で無名であった。それが幸いした。

この大統領選挙において、ヒラリーが計算を間違えたことが一つあったと思う。それは、イラク戦争を真っ向から否定しなかった点である。その意図は、筆者の理解でしかないが、中間層の保守層を狙ったためである。民主党予備選挙においてライバルとなったオバマ、ジョン・エドワーズを「社会主義者」とレッテルを貼ることで、彼らのポジションを左寄りに動かしたかったのだと思う。

当時はまだイラク戦争が続いていたから、イラク戦争を責めると民主党支持派の間の保守層の反発を食らうと感づいていたのではないか、と筆者は思う。それと、右の勢力の猛反発を食らうとでも考えたのであろうか。ヒラリーの特徴である「一方を取るな、両方を取れ」という、利口な判断が働いたのではなかろうか。

初の黒人の大統領

ヒラリーがもたつく間に、オバマが急速に浮き上がってきた。フレッシュな若い政治家で、しかも、グッドルッキングな容貌は、女性、若者に大きくアピールしたのであった。「Yes, We Can.（私たちにはできる）」というキャッチフレーズも、停滞打破を願う選挙民、とくに若者やマイノリティを惹《ひ》きつける力があった。

そして、2008年1月3日に開かれたアイオワ州党員集会では、前述の通り、ヒラリーを大きく引き離して勝利したのであった。ニューハンプシャー州の予備選挙では、ヒラリーが勝ったが、サウスカロライナ州で若者、黒人、ヒスパニック系の票を獲得し、ヒラリーを破った。

このころからである、ヒラリー陣営がネガティブ・キャンペーンに出たのは。自分の支持が落ち始めたり、票が集まらなかったりすると、すぐにネガティブ・キャンペーンに進む。ネガティブ・キャンペーンにはそれなりの効果があるが、リスクは高い。

そんな時、登場したのがビル・クリントンだった。オバマが集会で演説し、聴衆が熱狂したようにオバマの選挙キャンペーンのキーワード、「Change!（チェンジ！）」を大合唱する様子を見て、「まるで、おとぎ話だ」と批判した。すると、「人種差別だ！」と逆にオバマ支持者たちから大きな批判を受ける羽目《はめ》になった。ヒラリー陣営には大打撃となった。

しかし、決定的だったのは、味方と思っていたニューメキシコ州のビル・リチャードソン知事、そして、キャロライン・ケネディとエドワード（テッド）・ケネディ上院議員がオバマ支持に回ったことであった。これで、勝負あった。とりわけケネディ家のオバマ支持は、大きな意味を持った。


ちょうどそんな時であった。

筆者は、ヒラリー・キャンペーンのニューヨークオフィスを訪ねた。筆者の考えた戦略をプロポーズするためであった。大統領になったオバマを模した第三者を使って、大統領執務室で重要な決断を下さねばならない状況になったにもかかわらず、何をしていいかわからなくなり、何もできなくなった映像を作り、テレビコマーシャルにしたらどうか——というアイデアである。

キャンペーン・チームの若いスタッフが出てきて応対してくれた。筆者の話を聞き、「今日これから作戦会議が開かれるので、提案してみます」とのことであった。だが、それきりであった。筆者は、エドワード・ケネディが１９８０年の大統領選挙で民主党指名選挙に出た際、電話で広告の提案を行い、実施されたことがあったが、今度はなしのつぶてであった。

オバマが大統領に選ばれたら、この人は決断を下す能力のない大統領になるだろう、という予感がしていたのである。筆者の予感は、やがて的中することになるのであるが。

もはやオバマへの流れは止められなかった。熱気が大きなうねりとなり、集会に出席した観衆の中には、興奮して倒れる者まで出るにおよんだ。オバマは、救世主のように思われだした。かくしてオバマは、ヒラリーを破って民主党大統領選指名候補選挙を制したのであった。

本選でも、共和党候補のジョン・マケインは、オバマの勢いを前に為す術もなかった。アメリカ初の黒人の大統領誕生であった。

ポジティブ・キャンペーンの登場

さて、このような大統領選挙作戦を構築し、実施したのは誰なのであろうか？

ブッシュ親子の「汚い選挙戦略」のために、国内外の顰蹙《ひんしゅく》を買うようになったアメリカ大統領選挙。大統領という地位の権威や品格を世界が疑うような風潮を生んだのは、いったい誰なのであろうか？

その答えは、デヴィッド・アクセルロッドである。イリノイ州シカゴに基盤を置いて活動する、米国の政治コンサルタントである。

２００４年のイリノイ州上院議員選挙以来、オバマの首席政治アドバイザーを務めてきたことで知られ、オバマ政権発足後は、大統領上級顧問を務めている。「フィナンシャル・タイムズ」紙は、賢人のような風貌《ふうぼう》から「フクロウ博士」との渾名《あだな》をつけている。フクロウは賢人の代名詞のような鳥である。

アクセルロッドは、シカゴ大学政治学部を卒業すると、シカゴ・トリビューン社に入り、新聞記者となった。27歳でシカゴ市役所詰めのチーフになった。１９８５年には政治コンサルティング会社を設立。シカゴ出身の民主党の上院議員や下院議員のコンサルティングを引き受けた。その間、ずっとシカゴ・トリビューン紙のオピニオンページに投稿していた。

２００６年、ニューヨーク州知事のエリオット・スピッツァー、マサチューセッツ州知事のデヴァル・パトリックなどの知事選のコンサルタントだった。

また、アクセルロッドは、ノースウエスタン大学のコミュニケーション学部教授も務めた。デジタルメディアの論文も書いている。

オバマとアクセルロッドが初めて会ったのは、２００２年のことだった。そして、アクセルロッドは演説や本についてアドバイスをするようになる。彼はヒラリーとも親しかったが、オバマを助けることにした。そして、大統領選挙では、キャンペーンのテーマを「Change!」としたのであった。これがオバマのキャッチフレーズである「Change!」の発祥《はっしょう》である。

一方のヒラリーは、「Experience（経験）」をキャンペーンのキャッチフレーズとした。経験があり、信頼できる、と言いたかったのであろうが、アメリカ国民のワシントンの政治家に対する不信は、非常に強い。ヒラリーはそこを見誤った。ワシントンに長年住んで、政治の仕事をしているヒラリーが「経験」をアピールしたことは、大きなミステイクであった。

アクセルロッドは、新世代らしく、デジタル技術やデジタルメディアの扱い方にも長じていた。性格も穏健で、人に信頼される人物だった。また、コミュニケーションを勉強したことは、彼自身、政治コミュニケーション分野においてたいへん意味があったと思う。デジタル時代に、人と人とのコミュニケーションのあり方が変化していたことを敏感に察知していたと思う。

この点が、同じストラテジストでも、前出のジェームズ・カーヴィルやカール・ローブとは異なっていた。世代の違いであろう。アクセルロッドは、もはやネガティブ・キャンペーンが時代遅れの手法になっていることを知っていた。アナログなやり方で感情に訴えて、誰かを引きずり下ろすのではなく、人々は、みずからがよりよく変化することを望むように変わっていた。だから、クリエイティブ・キャンペーン、ポジティブ・キャンペーンのほうが、より支持が得られることを十分に知っていたのではなかろうか。

こうしてようやく、ブッシュ親子のデマゴーグに始まるネガティブ広告を中心とした大統領選の醜い戦いが終わったのである。

2012年の大統領選挙は、民主党の現職大統領オバマに共和党のミット・ロムニー（マサチューセッツ州知事）が挑戦したが、この時の選挙は、互いにネガティブ・キャンペーンに走ることなく、紳士的な戦いであったと思う。

だが、ロムニーは惜しかった。彼は計算違いをしたと筆者は思う。

1回目のテレビ討論で、ロムニーはオバマを強く叩いて、守勢に回らせることに成功した。テレビ討論会で大事なことは、相手を守勢に回すことである。だから1回目は、ロムニーの勝ちであったといえる。

ところがロムニーは、2回目、3回目では、積極的に攻撃をしなかったのである。つまり、ロムニーは、ネガティブに堕《だ》することを避けたのである。ここで、逆にオバマが逆襲に出た。ロムニーが金持ちの味方、ウォールストリートの味方であると突き上げたのである。

守勢に回ったロムニーは、逆襲に出るタイミングも摑めず、そのための表現も知らず、そのまま押し切られたのであった。

「チャンスには前髪しかない」といわれる。ロムニーはチャンスを手中にしていたのに生かせなかった。それから、勢いを失った。こうなると流れは速い。ロムニー陣営は総崩れとなった。再選を目指すオバマの大勝であった。

オクトーバー・サプライズ

大統領選挙にまつわるいろいろな言葉があるが、この「オクトーバー・サプライズ」は特に有名である。これは、大統領選挙は11月に行われるが、その直前の10月になると、勝敗に影響するような出来事が起こり、流れが変わることをいう。

大統領選挙で勝つためには、「モメンタム」（勢い）が最も大切である。そして、いったん勢いをつけたのに、それを失ってしまった場合は、その候補にとっては致命的となり、最悪の結果になるケースが多い。10月だから時間がなく、反撃は不可能なのである。

ひとつの例として、２００４年の大統領選挙が挙げられる。共和党の現職のジョージ・W・ブッシュ大統領に、民主党のジョン・ケリーが挑み、追いかける状況となっていたが、10月30日、アメリカ同時多発テロ首謀者とされるアルカイダのオサマ・ビンラディンの関与を指摘する報道が流れた。このニュースが、ブッシュ陣営に有利に働いたという見方がある。筆者もこの時のことをよく覚えているが、明らかにケリーに大きく影響した。

このように、大統領選挙が間近に迫ってくると、ちょっとの戦略的ミステイク、また、世界情勢で予期せぬ何かが起こると、流れが変わり、モメンタムを摑んだほうが勝ち、失ったほうが負けることになる。なぜ、このオクトーバー・サプライズが起こるのか誰にもわからないのだが、筆者は、それだけ選挙民の心が高ぶってきていて、少しの変化にも敏感になっているからではないかと思う。ほんの些細《ささい》なことでも、大きく選挙民の神経に突き刺さるのだと思う。

第7章　新しい大統領の下での難しい選択

ＩＳＩＳと戦う

２０１６年11月8日、アメリカ大統領選挙の一般有権者による投票および開票が行われ、新しい大統領が決まる。

大統領選のネガティブ・キャンペーンに終止符を打ち、クリエイティブなキャンペーン、ポジティブなキャンペーンを展開し、初の黒人大統領としてその名を歴史に刻《きざ》んだオバマ大統領。だが大統領としては、その2期を通じて「何もできない」「何も決断できない」大統領という評価が定まりつつある。これは皮肉なことであった。

新しい大統領が取り組まなければならないのは、アメリカがその歴史の中で、これまで解決できなかった問題、それは、端的に言えば、外国の戦争にどれだけアメリカが関わるか――という課題に一定の解決を見ることである。オバマ大統領はＩＳＩＳに対して、これまで無人偵察機兼爆撃機である「ドローン」および戦闘機による攻撃を加えただけであった。ホワイトハウスとペンタゴンがいくら成果を誇っても、アメリカ国民も世界の人々も拍手喝采《はくしゅかっさい》はしない。誰もが、そんなことでは効果がないことを知っているからである。

それでは、地上部隊を送るべきなのか？

送った場合、達成すべき目標は何になるのか――これが決まらない限り、そもそも必要な兵力も決まらなければ、作戦も立たない。

しかし、果たしてＩＳＩＳを相手に、達成すべき目標など定まるのか。国家を名乗りながら、従来の国家の形がない、巨大化した愚連隊《ぐれんたい》のような連中である。国家安全保障会議をいくら開いたところで、合議制でまとまることはないのではないか。

何を目的とするかは、大統領が一人で、孤独の状態で決めなければならない問題だと筆者は考える。合理的な思考で決断を下し、それを国民に理路整然と説明し、納得させなければならない。しかし、オバマ大統領では、その決断がつかないのではないかと思う。

考えなければならないのは、「戦争をやめさせるための戦争」というものがあり得るのか、である。ＩＳＩＳを追い込んでも、その指導者を殺害しても、ＩＳＩＳはまた別の形で蜂起《ほうき》してくることは十分考えられる。いや、それはＩＳＩＳの歴史を見れば当たり前のことであろう。

新しい大統領は、任期中といわず、大統領に就任した第一日目の仕事のカレンダーに、国家安全保障会議を開くことを書き込んでおかなければならないだろう。議題は、対ＩＳＩＳ戦略である。

これまでアメリカは、ベトナム戦争においてベトコンとも、アフガニスタン紛争においてタリバンとも、何らかの方法で交渉してきた。そのための手があった。しかし、ＩＳＩＳは異なるのではないかと思う。

ISISは、アブ・バクル・アル・バグダディ指揮の下、イスラム国家樹立運動を行うアルカイダ系（現在は絶縁状態）イスラム過激派組織である。イラクとシリア両国の国境付近を中心として両国の相当部分を武力制圧し、国家樹立を宣言し、ラッカを首都としている。

しかし外交関係の相手として国家の承認を行った国はない。だから、正式な外交交渉はできない。ここが困るところである。もちろん、あらゆる手段を通じて交渉は行われているであろうだが、それが成果をあげていないことは確かだ。

のこのこと話し合いに出かければ、捕えられ、首を刎《は》ねられてしまう可能性が高い。人類史上、稀《まれ》に見る残酷な人たちの集まりである。しかし、世界はこのような人たちを放置しておくのか。誰もこの人たちを退治しようと思わないのであろうか。放っておけば、自然に崩壊するとでも思っているのであろうか。

筆者は、オバマ大統領がその任期終了までに、アメリカ大統領のメンツにかけて、何らかの動きを取ることを希望してやまない。そして、オバマ大統領がどう動こうとも、アメリカの新しい大統領は、就任と同時に次なる手を打たなければならないことになるだろう。

また、新しい大統領は、ロシアのプーチン大統領とディール（取引）をしなければならない。これは、必須であろう。プーチンも新しい大統領が誰になるか、読みかねているだろう。これについては本書の範疇《はんちゅう》を超えるので、機会があればまた改めて触れることにしたい。

戦争を終わらせる戦争

戦争を終わらせる戦争――これは、１９１４年８月、第一次世界大戦の開戦直後、英国の作家で社会評論家のハーバート・ジョージ・ウェルズが言った言葉である。ウェルズは"*The War that will end war*（戦争を終わらせる戦争）"という本を書いている。

ウェルズは第一次大戦の時、「ドイツの軍国主義の敗北が戦争の終結をもたらす」と言った。しかし、ドイツの軍国主義は復活し、第二次世界大戦となった。

ウッドロウ・ウィルソン大統領（１９１３－２１年）はこの言葉を使い、国際連盟の設立に進んだ。彼は、「世界は民主主義にとって安全でなければならない」という言葉とともに「人類の自由を守るためにアメリカが戦争に参加することが必要である」という信念になったといわれている。

第一次世界大戦中でさえ、この言葉は、いくらかの人間からは懐疑《かいぎ》的に考えられていた。デヴィッド・ロイド・ジョージは、「この戦争は、次の戦争と同じように戦争を終わらせるための戦争である」と言ったといわれている。やがて、「戦争を終わらせる戦争」として成功しなかったことが明らかになると、この言葉はよりシニカルなものとして捉えられるようになった。

オバマ大統領は、この教えを信じているのであろうか。戦争が戦争を終わらせないということを信じているのであろうか。だから戦争を避けてきたのであろうか。

２０１４年5月末、筆者は、ニューヨーク州のウェストポイントにある陸軍士官学校の卒業式に参加していた。小雨が降り続く寒い日であった。親しい友人の息子が卒業するので、それに付き合ったのである。

オバマ大統領がヘリコプターで現れ、およそ1時間の演説をした。その要旨は、「外国の戦争に介入することをできるだけ避けたい」というものであった。それは、「モンロー主義」のようなものではなく、「アメリカの将来は、外国の戦争に介入することではなく、民主主義を奉《ほう》じ、民主主義を世界の国々に確立することにある」という信念を意味しているように聞こえた。

筆者が尊敬する著名な歴史学者であるアーノルド・ジョセフ・トインビーは、「アメリカが世界に自由の種を蒔《ま》いた」と言っている。筆者も同感である。アメリカは、自由、民主主義のリーダーであり続ける運命にあると思う。自由と民主主義が人民の願いであり、圧政と人殺しにより抑圧されている国に対し、アメリカは関わっていかなければならないのではないか、と筆者は考える。

戦争が戦争を終わらせることが成立しないとするならば、アメリカは、モンロー主義を信奉する国家のようにならない限り、常に戦いを続けなければならないのではないか。

アメリカが新しい大統領になって、この大きな問題に対してどう取り組むか。これは、アメリカの外交政策上の重大な問題である。しかし、この設問に対する答えは、より複雑になっていきそうである。

不法移民問題

次に、アメリカには重要な国内問題がある。それは、共和党のドナルド・トランプ候補が大躍進を遂《と》げた理由の一つでもある、不法移民問題だ。

筆者が知っている限り、ラテン系の不法移民はよく働いていると思う。庭仕事から農場の作業まで、朝から晩までよく働いている。こういう青年たちにビザを与え、永住させれば、アメリカという国に貢献するのではないかとつくづく思う。

筆者は、彼らの話を聞く時がある。本国では暮らしていけないのである。新しい大統領は、彼らを救う方法を考える必要がある。

だが、議会でこの移民問題が持ち上がると、共和党と民主党の価値観の違いからくる争いが生じ、話にならない。共和党はアメリカ人の既得権を大切にする。皆先祖は移民であるが、いったん自分たちがアメリカに入り、生活を始めれば、自分たちのもの、自分たちの国だと思うわけである。そして、排他的になってしまう。

往々にして、マイノリティは民主党支持となる。だから、共和党はマイノリティが増えることを嫌う。さらに、彼らは「マイノリティの犯罪が多い」などと言うのである。だが統計上、必ずしもそうとはいえない。

大統領の特権である命令、「エグゼクティブ・オーダー」で何とかなる問題である。新しい大統領は、ぜひ考えてもらいたい。しかし、共和党の大統領になったら終わりである。

アメリカにいる不法移民の数は、1000万人とか2000万人などといわれている。はっきりと実態が摑めていないが、およその数はこの範囲であると思われる。これだけの数の人たちが抜け落ちてしまった国勢調査などありえない。新しい大統領の下で、早くこの移民問題が解決することを望んでやまない。

激しくなる右と左の対決

この数年間、アメリカ国内の人々の右＝保守派と、左＝リベラル派の思想と価値観の溝は開く一方で、お互いまるで別の国に住んでいるような感じがする時もある。その違いはもはや、左右の軸に局地化しているのではないかと思われる。

それを煽っているのが、ケーブルテレビ局のニュースチャネルである。彼らにとっては、世論が割れれば割れるほど視聴率が上がり、収入も増える。人々を扇動するような語りができないニユースキャスターは生き残れない時代になった。報道に中立というものがなくなったのではないかと思う。

ネット上のブログサイトも、右と左に分かれる。しかもその振れ幅が極端だ。何か問題が起こると、どちらかが他方のせいにする。すると、もう一方の側が激しく反論する。その根本は、右か左かなのである。彼らは個人の意見ではなく、右か左かの人々に話しかけ、働きかけ、徒党《ととう》を組んで相手を倒そうとするのである。

地域別に見ると、ニューヨーク、ロサンゼルス、シカゴ、ボストン、サンフランシスコなどの昔からの都会は圧倒的にリベラルが多く、田舎に行けば行くほど保守が多い。だから、地元の人たちとうまくやるには、田舎に行くにしたがって共和党色を強くしていくのである。

アメリカの田舎の保守色の強さは、日本の農村部の自民党支持によく似ている。交付金を得ているからであろう。それと、土地にこだわりを持つ心理もあると思う。政治的には、寄らば大樹《たいじゅ》の陰《かげ》という性質があるのかもしれない。

大統領選挙の結果を、青い州（民主党）と赤い州（共和党）とに分けるが、赤い州に行ってみるとわかるのであるが、人間がソフィスティケート（洗練）されていない。つまり、地域的には中西部の赤い州と、西海岸・東海岸の青い州の分裂もきわめて大きくなってきている。

アメリカを見事に右と左で真っ二つに割ることは、大統領選挙をはじめ、州レベルやその他、地方レベルの選挙を戦いやすくしているのではないか。なぜなら、選挙に勝つ戦略として一つの有力なパターンが浮かんでくるからだ。

まず、右と左を対立させる軸を明確に作るのである。医療保険制度などは、これに通じると思う。実際、共和党はそれをやってきた。オバマ大統領のヘルスケア、いわゆる「オバマケア」は大きな壁にぶつかっている。

そして、左を徹底的に叩き、ネガティブ戦略で圧倒するのである。これこそ、2008年の大統領選挙で息子ブッシュとブッシュの軍師カール・ローブが、ゴアに対して取った戦略ではなかったか。

このカール・ローブの右と左の明確な差別化、国を真っ二つに割り、左をデマゴーグで徹底的に叩き潰《つぶ》すやり方は、一人の人物を大統領にするには素晴らしい作戦であった。しかし、アメリカという国にとっては歓迎するものではなかったと、筆者は思う。国民が分裂し、国の繁栄が失われては大統領の存在意義はなく、国民の安寧《あんねい》もない。

分割された州の国を再び合衆国へ

ネガティブ・キャンペーンをポジティブ・キャンペーンに変えることには成功したが、オバマもまた、同じ手をリベラル側に使ったともいえる。オバマ陣営がよく使った「貧乏人と金持ち」

「あくせく働く庶民とウォールストリートの大金持ち」などの区別がそれだ。だからオバマは、「社会主義者」「共産主義者」とまでいわれた。

大統領選挙がどうしても国民を2つに割り、徹底的に叩き合うことを続けるならば、アメリカは分裂国家になり、国力は弱まっていくのではないかと筆者は心配している。何もかもリベラル派と保守派に分かれて論争するアメリカのカルチャーに対し、アメリカ国民自体、疲れてきていると筆者は感じるのだ。

こだわっている人は、リベラル派か保守派かで人間を判断してしまう。しかし、それを見抜いて何になるのか。同じ国、同じ社会に住んでいながら、別の国と社会に住んでいるような気分にさせられるのである。

そんなアメリカを筆者は、本来の名前である、United States of America（アメリカ合衆国）ではなくDivided States of America（分割された州のアメリカ）と呼ぶのである。

アメリカ人と称する者、そのほとんどすべての人々が、土着ではなく、移民か先祖が移民なのである。アメリカに入った不法移民も、彼らを入国させたアメリカ当局に責任がある。彼らを犯罪者のように追い込む思想は、自分たちの足元を揺るがしてしまうことになるだけだ。

同時に、アメリカが作った技術で、中国や日本がよりよい商品を作り、アメリカの生産を奪っても「泥棒」呼ばわりすることはできないはずである。それは経済競争であり、アメリカの企業が競争力ある商品を作ってこなかったのが悪いのである。

このような見方ができないアメリカの大統領候補は、国際的センスに欠け、国のリーダーとしての資格がないと思うのである。新しい大統領は、少なくとも、アメリカ国民をUnite（結びつける）できなければならない。

だから新しい大統領は、United States of Americaを実現できる人になるべきだと思うのである。40年間アメリカに住み、今、筆者がアメリカ大統領にお願いするのは、President of the United States of Americaなのである。

第8章　日本はどうする？

アメリカは日韓関係を諦めた

新しい大統領が誰になるにせよ、アメリカ側から見れば、日本を含む北東アジアは、アメリカの外交において最重要地域である。中国、韓国、日本、ロシア、さらに北朝鮮があり、軍事的、経済的にも最大の規模を持つ地域である。この北東アジア戦略を作成することは、アメリカにとって国益に関わるきわめて重要な課題である。沈《しず》みゆくヨーロッパなどとは異なる。

まず、この地域の安全保障問題が浮かび上がってくる。その中に、アメリカにぴったりくっついている日本をどう守るのかという課題がある。

韓国は、同じくアメリカの軍事的な同盟国であるが、日本と韓国は、歴史上きわめて難しい関係にあり、アメリカの頭痛の種《たね》である。韓国と日本の関係が密接にならない以上、実質的なアメリカ・韓国・日本の三国同盟を成立させることは、至難《しなん》の業《わざ》である。だから韓国は、中国との関係を重要視するのであろう。

アメリカ政府として望むことは、日本と韓国の関係がより密接になることだが、これはすでに諦《あきら》めていることである、と聞いている。日韓関係にはナショナリズムが深く関わっているので、解決する方法がないからである。アメリカ政府としては、両国がナショナリズムを刺激するような対立を起こしてほしくないのだ。

この意味で、安倍首相は、アメリカ政府にとって問題を起こすポテンシャルを持つ人物である。オバマ大統領と安倍首相の関係は、特別なリーダー同士の親しさもない。そのような個性的な付き合いが日米間にないと、日米関係はアメリカ側から揺《ゆ》らぐと筆者は常々思う。

アメリカは日本を守るのか？

次に中国である。アメリカの国益から見れば、「米中関係は、日米関係に先立つ」ということではなかろうか。名前は言えないが、筆者の40年来の親しき友人で元ハーバード大学ビジネススクール教授だったE氏は次のように語る。

「日本人は、アメリカが最大の友好国と思っている。もちろん、それでよいのだが、アメリカ、中国、日本の三国関係から見たら、米中関係にアメリカの外交の主眼は注がれる。アメリカの外交分野の対中国政策は、できるだけ軍事的対立を起こさないこと、じっくり中国の内政の動きを見ること、そして、アメリカの国益を考え、的確な対中政策を取ることである」

「この意味では、日本の尖閣《せんかく》諸島の問題などは二義的である。アメリカにとり、日本と中国との関係が危険になることは避けなければならず、この意味では、もし何かその兆候が表れる事件が起こると、日本政府にまず自重を呼びかけることになるだろう」

「日本との軍事同盟は固く守るだろうが、実際、日本と中国との間で軍事的対立が起こった場合、アメリカ政府は、軍事的初期行動は取るだろうが、あくまでも話し合いに持っていくと思う。だから日本が、尖閣諸島で何らかの形で中国との間に軍事的対立が生じた場合、アメリカ軍は出動すると思うが、戦闘行為はしないと思う」

などと指摘する。緊急事態となった場合、アメリカ政府は、対中国関係がより重要で、日本に対する政策はそれに準じる、ということなのであろう。それからE氏は、こうも言う。

「アメリカ政府は、日本に右翼的な総理大臣が出ることを危惧している。今の安倍首相のように、中国、韓国と敵対関係になっている状況をよく思わない。そして、日本国民のナショナリズムを扇動していることもよく思っていない」

「もし、安倍首相がより右翼的な行動を取るなら、非友好的な態度を取られるだろう。安倍首相もだいぶマイルドになってきているところは、歓迎されているだろう。強圧的な方法による安保法案の国会通過については、アメリカの専門家の間で意見が分かれると思う。いずれにせよ、この安倍首相の行動について、アメリカ政府は外交上の確認はすると思うが、とやかく言わないと思う。日本が自国をより強く守ろうとすることは尊重すると思うし、協力すると思う」

新しい大統領になっても、対日政策で、このような基本線は変わることはないと思う。

しかし、E氏が最後に言ったことには驚いた。

「変化するアメリカの世界軍事政策に対応するために、日本は自国による防衛を強化する必要があると思う。そのためには、核兵器を持つことも考慮しなければならない時が来るのではないかと思う」

日本が核兵器を持つには、また法の改正が必要になるであろうが、広島、長崎の原爆投下の事実を考えれば、国内世論が大騒ぎとなるだろう。できない相談である。

経済関係はどうなる？

日米経済関係であるが、中国、日本、韓国の製品を除いては、アメリカ国民の消費生活は成り立たない。日本政府とアメリカ政府は、より自由な交易を望むことは当たり前であるが、共和党から大統領が出れば、日本の市場解放に対する圧力はさらに強まるだろう。

また、アメリカは中国、日本に多額の借金をしている。アメリカ人には、「借金はしたほうが勝ち。貸したほうが負け」などと言う人が多い。しかし、そんな考えは国際舞台では通用しない。この経済、金融の関係では、アメリカは日本に大きく依存しており、日米関係はびくともしないであろう。

安全保障関連法制が抱えるリスク

集団的自衛権を含む日本の新しい安全保障関連法制が国会を通過したが、アメリカとの関係について少々述べたい。

筆者の勝手な解釈であるが、日本は「いかに戦争をみずから起こさないか」「いかに戦争に巻き込まれないか」「他国が侵略してきても、いかに戦わないで国を守るか」ということを求めているのではないか、と思うのである。つまり、戦争をいかに避けるか、また、大げさかつ端的に言えば、消極的な自国防衛論を戦わせてきたと思う。そして一方では、日本がいかに戦争を起こさない国であるかを訴えてきたと思う。憲法第9条がそれである。

国の防衛は、日米安全保障条約を基本とする。アメリカとの安保条約あっての日本の防衛なのである。日本は、敵が攻めてくるという仮定のうえで自衛隊の使用、軍事行動の規制を行っている印象を受ける。潜在的な敵国があったら、日本の法律で国防関連法を読めば、日本の軍事作戦の規制がすべてわかり、戦略、戦術が一目瞭然《いちもくりょうぜん》に読める。

これほど侵略しやすい国は、少ないと思うのである。なぜ、こんなことをしなければならないのかは、自明《じめい》の理《り》である。第二次大戦で決定的な敗戦を喫し、マッカーサーに二度と軍事国家として勃興《ぼっこう》してはならない国として、育て上げられてきたのである。

そのやり方は、日本国民の国防観念、自衛観念をも取り去るところまでいったのである。そのように強制された中で、日本は経済発展に打ち込み、世界で第2位の経済大国に発展したのである。だが、国防に関しては、ほとんど発展を見なかったのであろう。その必要がなかったのである。長い間、日本には平和の風が吹き、日本国民は、国の国防方針通り、軍事的脅威も侵略される恐れも感じないで過ごせたのである。

しかし、尖閣諸島で中国漁船の過激な行動があると、日本政府も国民も慌《あわ》てふためいてしまった。中国軍の軍事行動のように捉え、いまにも中国軍が攻撃してくるような雰囲気が日本国民の間に起こってしまったのではなかろうか。よくよく考えてみれば、みな漁船の仕業《しわざ》なのである。太平洋岸のサンゴ取りもそうであった。この程度のことは世界のあちこちで起こっている。

筆者の常識からすれば、漁船の仕業で、中国軍の仕業ではないなら、日本の外務省が強力な外交ルートで効果的に対処しなければならない問題ではなかったか、と思う。

このことを筆者が言ったら、「この時の中国漁船の乗組員は、民兵だった」と日本の友人に指摘された。ここが日本人の不可解なところなのである。「だからどうするのか」という国民の疑問に対する答え、政府に対する要求と解決案が出てこないのである。

日本も、中国の民兵に対抗するような組織を作ることを考えられないのか。「難しい」ということが先に立ち、結局は何もしていないのではなかろうか。国を守るということは、法律を作ることではなく、緊急対策を検討し、実施することではないか。

このような緊急事態になると、これを国家の軍事政策、軍事政策の強化に利用できると考える人たちが日本には多くいる。幕末から、日本が世界の列強に占領されることを恐れ、富国強兵策を採り、日清、日露戦争に勝ち、力をつけた軍部、また彼らと密接に結びついた政治家であった。やがて軍国主義への道をたどった人たち、そして、太平洋戦争を推《お》し進めた人たちと同じような考え方をしている日本人グループの人たちが政界、財界をはじめ、さまざまな分野にいるのである。そのような人たちを「右翼」と呼ぶのであろう。

日本の国防問題でこの人たちにイニシアティブを取らせ、決定するのは、あまりにも危険である。なぜなら、今の世界で起こっている戦争は、太平洋戦争当時とはまったく異なる。日本が率《そっ》先《せん》して、軍事力を使って世界のさまざまな問題に入っていくなどとうていい無理なことである。そんな軍事力はからっきし持っていない。それに、あまりにも外交交渉力に欠けると思う。

自分の国を守れない不幸

筆者には、不思議なことがある。日本の右翼と左翼は、軍隊支持、軍隊反対に大きく分かれるのであるから、アメリカの共和党と民主党とは大きく異なる。アメリカは、両党とも軍隊に関して大きな違いはない。第一、「国を守るということには、軍隊が含まれ、国の軍隊は、国家と国民を守る」ということが中心思想となる。だから、軍隊の兵士は、国の誇りである。国民も兵士を尊敬する。

日本の自民党と民主党、そのほかの野党は一丸となって、どうして日本国家の防衛を考えられないのか。果たして外国で、日本の自衛隊が軍事行動の目的を設定し、戦略を立て、効果的な作戦と行動を取れるのであろうか。

長年の友人である元共和党ストラテジストのG氏と以下のような会話を交わした。

筆者「日本で安保法案の強行採決が行われ、集団的自衛権が確立された」

G氏「そう。興味ない。それが成立しても何も変わらないだろうからね。起こるのは、安倍首相の退陣が早まる程度だろう。私は、安倍首相が好きじゃない。彼が、アメリカに来て議会で演説した時、日本の漫画を思い出した」

筆者「しかし日本の自衛隊は、海外で武器を持って戦えるようになる」

G氏「それは自分を守る時だけだろう。イラクでアメリカの海兵隊とともに前線で戦うことはないのだろう？　同盟国として、意味はまったくない。我々と一緒に命をかけて戦うイギリスやフランスとは異なる」

筆者「しかし、日本としては、アメリカ軍への大きな助けになると思っている」

G氏「後方支援だろう？　アメリカがＩＳＩＳと戦う時、参加国数を増やさなければならないが、その時、役立つ程度であろう。日本は、軍隊を充実させたければ憲法を改正する必要がある。しかし、憲法改正は不可能だと思う。そして、憲法改正となると右翼が台頭《たいとう》し、一方は左翼が台頭する。日本が真っ二つに割れることになる。

そうならないためには、国家の防衛で与党と野党が一致しなければならない。国家の防衛で、野党と与党が、軍隊が必要であることに一致しないのは不幸なことだと思う。

今の世界で、軍隊を持たない国はないと思う。軍隊はイコール戦争ではない。平和な時は、軍隊は目に見えない盾《たて》にもなる。戦争になれば戦う軍隊となる。この世界では、国家として必要不可欠のものである」

筆者「日本には、自衛隊があり、自衛隊は軍隊である」

G氏「その通り。しかし、行動があまりにも制限されている。軍隊と呼べるかどうか。アメリカ軍に依存していてはいけないと思う。自分の国は、自分たちで守るものだ」

今後の展開

この原稿を書いている2015年10月中旬の時点で、共和党はトランプ、民主党はクリントンのリードが続いている。しかし、FOXニュースの最新の調査によると、トランプ24パーセント、カーソン23パーセントの支持率で、接近してきた。筆者は、この二人のいずれかが共和党の指名候補戦で勝利を収めることはないと予想している。

ワシントンのエスタブリッシュメントから出ている候補を「インサイダー」と呼び、ワシントンのエスタブリッシュの外からの候補を「アウトサイダー」と呼ぶことは本書で紹介してきた。ワシントンのエスタブリッシュに反抗する選挙民の怒りによって巻き起こされた「夏の嵐」は、多少勢いを弱めたが、まだ続いている。

このアウトサイダーは、共和党はトランプ、ヒューレット・パッカードの元CEOフィオリーナ、元医師のカーソンという3人に代表されるが、いずれかの時点で、ルビオ、ブッシュ、クルーズに追いつかれるのではないかと予想する。2016年1月にアイオワ州でコーカス――政党の有力メンバーから構成される非公式会議（幹部会）――が行われる。その主要目的は、①選挙における候補者の選定、②上程される法案や政策の討議、③政治戦略の決定などである（ブリタニカ国際大百科事典）。そして、ニューハンプシャー州の予備選挙で、アウトサイダーの3人がどの程度やれるか興味深い。

しかし、たとえこの2州でこの3人が上位を占めても、あまり大きな意味はない。この2州の予備選結果は、歴史的に「参考」程度である。早い時期に予備選を行う程度の意味しか持たない。この2州で勝っても、負けても、大勢にはほとんど影響がない。

この2つの州は、予備選を先取りすることにより、自分たちの州を目立たせようとしているのである。いわば、両州のPR作戦なのである。

最終的に誰が共和党予備選を勝ち取ることができるかは、2016年2月のスーパー・チューズデーを待たなければならないと思う。筆者が想像するに、アウトサイダーたちはここでふるい落とされるのではないか、と思うのである。なぜなら、大統領選挙が迫れば迫るほど、「安心して、誰にアメリカを任すことができるか」が選挙民の中心的選択基準となるからである。やはり、安定した人物を求めてくると思うのである。そうなるとやはり、ブッシュ、ルビオ、クルーズであろう。トランプ、カーソン、フィオリーナが大統領では、あまりにも危なっかしい。外国で大きな戦争が起こった時、はたしてこの3人は対処できるのであろうか。

さて、民主党であるが、最大の関心事は2つある。ひとつは、サンダースがクリントンに追いつき、追い越せるかということである。まず、その可能性は低い、と筆者は思う。ヒラリー・クリントン陣営から筆者に、必死のメールが日に3通は届く。また、ビル・クリントンからも毎日のように届く。娘のチェルシーからも届く。これらのメールは効果的だと思う。筆者は、共和党支持メンバーであるが、誰からもこのようなメールは送られてこない。民主党の選挙マシーンがいかに優れているかわかる。この選挙民との直接コミュニケーションシステムは、実に効果的である。

そして重要な作業は、選挙民の関心がどこにあるか知り、それに合ったキャンペーンを行うことである。ポール・テーカー（世論調査をやる人）とストラテジストが重要になる。ヒラリーには、ビル・クリントン政権の実力者もついている。

ヒラリーは、一時スキャンダルまみれで、支持率を大きく落としていたが、10月下旬に入って、それをストップさせ、再び支持率を上げている。10月15日に行われた民主党第1回目のテレビ討論で、圧倒的な強さを示し、信頼を回復し、健在ぶりを誇示《こじ》したからである。

だが、共和党候補との一騎打ちとなった場合、はたしてそううまくいくか？ 生易《なまやさ》しいものではないと思う。

テレビ討論会の回数は、共和党のほうがはるかに多い。民主党のテレビ討論回数は少ない。今、もっと増やすようにサンダース陣営の要求がなされているが、ヒラリー陣営が承諾していない。リードしている候補は、できるだけ少ないほうがよいのである。

しかし共和党は、予備選段階では回数が多い。それだけテレビに頻繁に中継されることになる。そのぶん有利となろう。ヒラリーの共和党候補との一騎打ちは、どうなるかわからない。

ヒラリーの最も大きな敵は、「ガラスの天井」といわれるアメリカの保守的男性たち、俗にいう「ヒラリー・ヘイター」であろう。ヒラリー・クリントンがこの天井をぶち破れるかどうか。

そして、共和党の予備選勝利者との一騎打ちになった場合、国務省のサーバーの私用、ベンガジ領事館襲撃事件、外国からのファンドレイジングなど、追及されるスキャンダルに事欠かない。この点からも苦戦を強《し》いられるであろう。保守一辺倒のＦＯＸニュースの男性アナウンサー、コメンテーターがのべつまくなしにヒラリー叩きを行うだろう。そして、ミニスカートをはいた格好良い白人の女性キャスターたちもそれに加わる。局を挙げての「ヒラリー叩き」が行われることは間違いない。

しかし、援護射撃があっても、共和党の対立候補がどれだけこの問題でヒラリーを苦しめられるであろうか。叩きすぎると、選挙民には作用・反作用の力が働く。逆に、叩いた側にマイナスの力が働くこともある。バックファイアーである。それは、大統領選挙の常である。

さて、大統領選挙では、外国のニュースが目立つことはありえないのであるが、今回の大統領選挙も中東を除き、論戦になることはないのではないかと思う。ロシア、中国が話題に上がると思うが、大論戦になることはないと思う。

最終的に、本選での一騎打ちで、ヒラリーの戦う相手は、共和党の候補者の中ではブッシュ、ルビオ、クルーズのうちの誰かであろう、と思う。ルビオは年齢的に若いと思われる。しかし、ダークホースだと思う。

日本と新大統領

さて、それでは、誰が次期大統領になったら日本の国益にかなうのか、ということが最も気になるところである。もし、次期大統領がヒラリーかルビオ、ブッシュになれば、日本は〝しめたもの〟ではないだろうか。

ヒラリーは、オバマ政権時代に国務長官を務め、「クリントン外交ドクトリン」のようなものを作成し、アジア中心の貿易圏の設立を唱えた。ヒラリーはおそらく、中国を強く念頭に置き、同盟国を中心にして、アジア外交・軍事・経済に力を注ぐであろう。日本にとっては歓迎すべきことであろう。ブッシュも同じであろう。

対日政策では、両者ともにあまり変わらないだろうが、日本の防衛に関してはどうであろうか。ヒラリー、ブッシュともに、中国が再び尖閣諸島沖で何か過激な行動を取れば、日本を防衛する発言など、日本国民を安心させるために強硬な「リップ・サービス」を行うのではなかろうか。しかし、いざ行動となると、消極的なものとなるだろう、と思う。アメリカ市民が、これ以上、外国における戦争に介入したくないのである。市民の支持がなければ、戦争は宙に浮いてしまう。ヒラリーもブッシュも、そう簡単には外国の戦争に介入できない。

以下、筆者の空想《フィクション》である。

２０１Ｘ年Ｘ月Ｘ日、中国の民兵の乗っている大きな漁船が日本の海上保安庁の巡視艇に体当

たりしてきた。しかし、そんなことでは、日本の巡視艇は沈まない。特殊設計の日本の巡視艇はその安定性において優れている。

中国の漁船は、銃撃してきた。日本の巡視艇は、応戦すべきかどうか本庁に問い合わせる。ただちに防衛相にも、内閣総理大臣にも報告が届く。緊急国家安全保障会議が開かれる。

そして、状況はさらに悪化。中国漁船の銃撃に、海上保安庁、日本政府の応戦許可が出る。海上は、銃撃戦となる。銃も射撃も日本のほうが優勢な状態となる。

日本政府が最も恐れるのは、中国海軍の動きである。総理大臣より、自衛隊の出動待機の命令が出る。同時に、総理大臣は、アメリカ大統領にホットラインで電話をする。だが、アメリカ大統領は、すでに中国首相と話し合っていた。

その話とは……?

――

日米安保条約は、実際の戦いでどう働くのであろうか――。

佐藤則男

早稲田大学を卒業し、1971年に朝日新聞英字紙Asahi Evening News(現International Herald Tribune/The Asahi Shimbun)入社。その後、TDK本社勤務、ニューヨーク勤務を経て、1983年国際連合予算局に勤務。のちに国連事務総長に就任するコフィ・アナン氏の下で働く。1985年、パートナーと国際ビジネスコンサルティング会社、Strategic Planners International, Inc.,ニューヨーク州法人を設立。アメリカ企業、日本企業をクライアントに、マーケティング、日米市場進出、M&A、投資などのビジネス戦略立案、および実施などを担う。同時にジャーナリズム活動に復帰。「文藝春秋」「SAPIO」などにNY発の鋭い分析を基にした記事を寄稿。米国コロンビア大学経営大学院卒。MBA取得。

講談社+α新書 709-1 C

なぜヒラリー・クリントンを大統領《だいとうりょう》にしないのか?

佐藤則男《さとうのりお》 ©Norio Sato 2015

2015年11月19日第1刷発行

発行者——鈴木 哲

発行所——株式会社 講談社

東京都文京区音羽2-12-21 〒112-8001

電話 出版(03)5395-3522

販売(03)5395-4415

業務(03)5395-3615

帯写真——ロイター/アフロ

デザイン——鈴木成一デザイン室

カバー印刷——共同印刷株式会社

印刷——慶昌堂印刷株式会社

製本——牧製本印刷株式会社

本文データ制作——講談社デジタル製作部

定価はカバーに表示してあります。

落丁本・乱丁本は購入書店名を明記のうえ、小社業務あてにお送りください。

送料は小社負担にてお取り替えします。

なお、この本の内容についてのお問い合わせは第一事業局企画部「+α新書」あてにお願いいたします。

ISBN978-4-06-272914-7